Inhalt

Klasse 9/10

Vorwort

Unser Name am Vertretungsplan – ein immer wiederkehrender Anlass, in den eigenen Unterlagen nach Kopiervorlagen oder Aktivitäten zu suchen, um vertraute oder unbekannte Lerngruppen über einen Zeitraum von 45 Minuten zu motivieren und möglichst sinnvoll zu beschäftigen. Diese Suche möchten wir Ihnen mit der vorliegenden Sammlung von 45 Vertretungsstunden für den Englischunterricht erleichtern.

Bereits die Zuordnung der Unterrichtsstunden zu bestimmten **Jahrgangsstufen** soll Ihnen einen schnellen und gezielten Zugriff auf thematisch wie fachlich-inhaltlich passende Aktivitäten ermöglichen. Für jede Jahrgangsstufe finden sich dabei schüleraktivierende Unterrichtsentwürfe, die viele **Kompetenzbereiche des Fachunterrichts** abdecken und ihn auf diese Weise systematisch und sinnvoll ergänzen.

Neben den **Grundfertigkeiten** des Lesens, Sprechens und Schreibens liegt ein Schwerpunkt auch auf der Entwicklung von **Methoden- und Sozialkompetenz** der Schüler. In den Mittelpunkt der Aktivitäten rückt aus diesem Grunde immer wieder die Arbeit in **kooperativen Lernarrangements,** die das soziale Lernen unterstützen und Sie als Lehrkraft bewusst entlasten soll. Nun gestaltet sich die Partner- und Gruppeneinteilung durch den unterrichtenden und im Falle einer Vertretungsstunde häufig unbekannten Lehrer nicht immer leicht und führt schnell zu Ablehnung oder gar Protest aufseiten der Schüler. Hier sollen die schnellen und abwechslungsreichen **Ideen zur Gruppeneinteilung** helfen, die Sie im Anhang finden.

Es war uns ein besonderes Anliegen, Ihnen eine variantenreiche Auswahl an Vertretungsstunden zusammenzustellen, die *mehr* als nur Kopiervorlagen bietet. Die Aufgaben und Übungen zum kreativen Schreiben und Leseverstehen, zur Landeskunde und zu grammatischen Schwerpunkten basieren auf den Prinzipien der **Schüler- und Handlungsorientierung.** Gefragt sind die Ideen der Schüler, ihre Lösungsstrategien und Kreativität, die sich in kleinen Handlungsprodukten widerspiegeln sollen. So können beispielsweise Gedichte, Geheimbotschaften, Cartoons, Speisekarten oder kleine Geschichten entstehen. Mit der Zielsetzung, *alle* Schüler anzusprechen und zum Sprechen zu motivieren, haben wir versucht, gerade auch den **Bedürfnissen von Jungen** gerecht zu werden – etwa mit Logikrätseln, statistischen Erhebungen oder Internetrecherchen.

Jede Stunde verfügt über einen „Fahrplan" einzelner Unterrichtsschritte, der Planungssicherheit gewährleisten und gleitende, reibungslose Abläufe unterstützen soll. Hinweise zu benötigtem **Material** dienen der schnellen und gezielten Vorbereitung der Unterrichtsstunden; eine Übersicht dazu finden Sie im Anhang. Vorschläge zu **Anschlussaktivitäten** bieten Ihnen darüber hinaus die Möglichkeit, den Unterricht bei Bedarf über 45 Minuten hinaus fortzuführen.

Aus unserer langjährigen Erfahrung als Englischlehrerinnen wissen wir, dass gerade der *Start* einer Vertretungsstunde häufig über das Rennen entscheidet. Missglückt er, können 45 Minuten in einer uns unbekannten Lerngruppe zur endlosen Geduldsprobe werden. Zu Ihrer Entlastung haben wir daher im Anhang eine Auswahl an **Aufwärmaktivitäten** zusammengestellt, die wir in unserem beruflichen Alltag erprobt und schätzen gelernt haben. Abhängig von den sprachlichen Voraussetzungen, dem Alter der Lerngruppe und dem Vorbereitungsaufwand können Sie eine passende Aktivität auswählen – von einer Partnermassage über fröhliche Tiergeräusche bis hin zu kommunikativen Ratespielen.

Einzelne Methoden zu bestimmten Unterrichtsphasen werden in einem eigenen **Methodenglossar** erläutert. Hier finden Sie auch Ideen zur Wiederholung von Wortschatz, zu Präsentationsmethoden und deren Bewertung. In den Stundenentwürfen verweisen wir auf die Methoden mit einem →.

Wir hoffen, dass die von uns erarbeiteten Unterrichtsentwürfe Ihnen über eine Vertretungsstunde hinaus Ideen und Inspiration für Ihre **alltägliche Unterrichtsplanung** bringen. Viele der Aktivitäten sind problemlos auf andere Klassenstufen, Inhalte oder Schwerpunkte übertragbar.

Wählen Sie aus: nach Lernstand, geschlechterspezifischen Interessen, Kompetenzbereichen, rezeptiven oder produktiven Aktivitäten, Sozialformen oder einfach nach Art und Umfang der Vorbereitung. Bestimmt ist auch für Ihre nächste Vertretungsstunde etwas Passendes dabei.

Wir wünschen Ihnen viel Erfolg!

Elke Dreyer und Katrin Frost

P.S.: Aus Gründen der besseren Lesbarkeit wird in diesem Buch durchgehend die männliche grammatische Form verwendet. Selbstverständlich sind damit immer auch Frauen und Mädchen gemeint, also Lehrerinnen, Schülerinnen usw.

Überblick: Kompetenzbereiche

EA = Einzelarbeit   GA = Gruppenarbeit   PA = Partnerarbeit

Klasse 5/6

Stunde	Kompetenz-bereich	Sprachliche Mittel	Aktivität	Sozialform
Animal or Fruit and Veg?	Umgang mit dem Wörter-buch	Wortfelder *animals/fruit/vegetables*	Arbeiten mit dem Wörter-buch	EA/PA
The Secret Message	Buchstabieren	Alphabet	Entschlüsselung einer Geheim-botschaft	GA/PA
An Autobiopoem	Kreatives Schrei-ben	variabel	Verfassen eines Gedichts	EA
Secret Pen Friend	Schreiben	variabel	Verfassen eines Briefs	EA
Star Game	Schreiben	Wortfelder, vari-abel	Vokabelspiel	gesamte Klasse
Magic Pen	Sprechen, Schreiben	*Simple past*	Verfassen einer Geschichte	PA
Battleship Game	Sprechen	Fragebildung	Lernspiel	PA
Finding Your Soulmates	Sprechen	Subjektfragen	Interview	gesamte Klasse
"Have you ever" …? Bingo	Sprechen	*present perfect*	Lernspiel	gesamte Klasse/PA
The Chosen One	Hören, Sprechen	Personenbe-schreibung, *present progressive*	Personenbe-schreibung, Quiz	EA
Ring the Right Answer	Hören	ggf. Fragen	Teamspiel	gesamte Klasse
The Family Puzzle	Lesen	Wortfeld *family members*	Leserätsel	EA
Two Animal Riddles	Lesen	Wortfeld *animals*	Leserätsel	EA/PA
Why Do Pigs Smell?	Lesen	–	Leseübung	EA
Draw or Mime Each Letter	–	Wortfelder, vari-abel	Vokabelspiel	PA/gesamte Klasse

Klasse 7 / 8

Stunde	Kompetenz-bereich	Sprachliche Mittel	Aktivität	Sozialform
Cooperative Story Writing	Kreatives Schreiben	–	Verfassen einer Geschichte	GA
Missing Stories	Kreatives Schreiben	Wortschatz und Strukturen zur Schilderung von Erlebnissen	Vervollständigen einer Geschichte	EA / GA
Miming Messages	Schreiben	Modalverben	Pantomime	PA / GA
Brainteasers – Running Dictation	Lesen, Schreiben	–	Laufdiktat, Logikrätsel	PA
Two Fables in One	Lesen, Schreiben	–	Leseübung	EA
What's My Whatzit?	Schreiben, Hören, lautes Lesen	Wortfeld *everyday objects, daily routine*	Verfassen und Vortragen von Texten	EA / gesamte Klasse
A Picture Rally	Hören, Schreiben	Bildbeschreibung	Beschreiben von Bildern	gesamte Klasse / EA
Alibis	Sprechen, Schreiben	*past tenses*	Ratespiel	gesamte Klasse
The Sandwich Bar	Schreiben, Sprechen	Wortfeld *food and drinks*	Gestalten einer Speisekarte	GA
Numbers and Dates	Sprechen	Daten und Zahlen	Partnergespräch	PA
Twenty Questions	Sprechen	Fragebildung	Teamspiel	gesamte Klasse
Being Nosy	Sprechen	Fragen im *simple past*	Schülerbefragung	gesamte Klasse / PA
Who is Afraid of Touching Spiders?	Sprechen	*adjectives followed by prepositions and gerund*	Interview	gesamte Klasse
The Hot Seat	Sprechen	Wortschatz und Strukturen zum Paraphrasieren und Beschreiben	Teamspiel	gesamte Klasse
Eating Out Fast	Sprechen	Wortfeld *ordering food*	dialogisches Sprechen	PA

Klasse 9 / 10				
Stunde	**Kompetenz-bereich**	**Sprachliche Mittel**	**Aktivität**	**Sozialform**
A Mini Saga	Kreatives Schreiben	–	Verfassen kurzer narrativer Texte	EA / GA
Bin Detectives	Kreatives Schreiben	Wortschatz *daily family routines*	Verfassen kurzer Texte	EA
Great Ideas or Strange Inventions?	Kreatives Schreiben	Wortschatz *describing* und *advertising*	Beschreibung von Gegenständen	PA / GA
A Letter to Agony Aunt	Schreiben, Lesen	Wortschatz und Strukturen zum Verfassen von Briefen	Verfassen eines Briefs	EA, GA
Survivor	Schreiben, Sprechen	Fragebildung	Teamspiel	gesamte Klasse
Discussion Time	Sprechen	Wortschatz zum Austauschen und Begründen von Meinungen	Partnerdiskussion	PA
From Survey to Chart	Sprechen	Redemittel zur Analyse und Interpretation von Statistiken	Befragung / statistische Auswertung	PA
Home, Sweet Home	Sprechen	Wortschatz „How and where we live"	Partner- / Gruppengespräche	PA / GA
Speed Dating	Sprechen	*giving advice*	Partnergespräche	PA
Talking Cards	Sprechen	Konditionalsätze	Teamspiel	gesamte Klasse
The Class Representative	Sprechen, Teamfähigkeit	Meinungsäußerung	Gruppendiskussion	GA
Global English Jeopardy	Sprechen, Hören	Wortschatz, landeskundliche Begriffe und Eigennamen	Quiz (Landeskunde)	GA
Role-Plays: I'm Old Enough	Lesen, Dialogisches Sprechen	Wortfeld *relationships*	dialogisches Sprechen	PA
Australia Questweb	Lesen, Informieren im Internet	–	Internetrecherche	EA / PA / GA
The Web Paper Trail	Lesen, Informieren im Internet	–	Internetrecherche	GA

Überblick: Nötige Vorbereitung, verwendete Materialien

Die Tabelle gibt Ihnen einen Überblick darüber, welche Vorbereitung für die einzelnen Stunden nötig ist und welche Materialien (neben Tafel und Kreide sowie Schülerheften oder Notizpapier) vorgesehen sind.

Klasse 5 / 6		
Stunde	**Kopier-vorlage(n)**	**Sonstiges (Material, Vorbereitung, Bemerkungen)**
Animal or Fruit and Veg?	–	Wörterbücher, Tafelanschrieb vor der Stunde
The Secret Message	–	Tafelanschrieb vor der Stunde
An Autobiopoem	✓	–
Secret Pen Friend	–	Kärtchen / Zettel mit Schülernamen
Star Game	✓	–
Magic Pen	–	Stift zum Herumgeben
Battleship Game	✓	–
Finding Your Soulmates	✓	–
"Have you ever …?" Bingo	–	Tafelanschrieb vor der Stunde
The Chosen One	–	Sitzplan der Klasse
Ring the Right Answer	–	Tafelanschrieb vor der Stunde, zwei Farben Kreide
The Family Puzzle	✓	–
Two Animal Riddles	✓	–
Why Do Pigs Smell?	✓	Klebestifte, Scheren
Draw or Mime Each Letter	–	ggf. Wörterbücher
Klasse 7 / 8		
Cooperative Story Writing	✓	–
Missing Stories	✓	ggf. Wörterbücher
Miming Messages	✓	–
Brainteasers – Running Dictation	✓	–
Two Fables in One	✓	–
What's My Whatzit?	–	Tafelanschrieb vor der Stunde
A Picture Rally	–	Lehrbücher (beliebig, Klassensatz)
Alibis	–	–
The Sandwich Bar	–	Wörterbücher
Numbers and Dates	(✓)	Folie kann auch durch Tafelanschrieb ersetzt werden

Stunde	Kopier-vorlage(n)	Sonstiges (Material, Vorbereitung, Bemerkungen)
Twenty Questions	–	–
Being Nosy	(✓)	Folie kann auch durch Tafelanschrieb ersetzt werden
Who is Afraid of Touching Spiders??	✓	–
The Hot Seat	✓	Begriffskarten kopieren und ausschneiden
Eating Out Fast	✓	Redewendungen auf A4-Blätter kopieren, zwei Farben Kreide, Rollenkarten kopieren (ein Satz pro Schülerpaar), Magnete o. Ä. zum Befestigen an der Tafel, Folie oder Kopien der Speisekarte
Klasse 9 / 10		
A Mini Saga	✓	–
Bin Detectives	✓	A4-Blätter, Wörterbücher
Great Ideas or Strange Inventions?	✓	A3- oder A2-Blätter, Wörterbücher
A Letter to Agony Aunt	✓	ggf. Wörterbücher
Survivor	–	ggf. Wörterbücher
Discussion Time	✓	pro Schülerpaar ein Kartensatz mit *discussion phrases*, ggf. Briefumschläge, Tafelanschrieb vor der Stunde
From Survey to Chart	–	A3-Blätter, ggf. farbige Stifte
Home, Sweet Home	–	–
Speed Dating	✓	Problemkarten kopieren und ausschneiden
Talking Cards	–	Kartenspiel (Rommee), evtl. Kopie der Fragen
The Class Representative	✓	–
Global English Jeopardy	(✓)	Fragenkatalog (evtl. als Kopie), ggf. kleine Preise
Role-Plays: I'm Old Enough	✓	ggf. Wörterbücher
Australia Questweb	–	Nutzung des Computerraums (ein Computer für zwei bis drei Schüler), Tafelanschrieb vor der Stunde
The Web Paper Trail	(✓)	Folie kann durch Tafelbild ersetzt werden; Zettel mit Zeitungsnamen kopieren und ausschneiden, Blankokärtchen; Nutzung des Computerraums (ein Computer für vier bis fünf Schüler)

1   Animal or Fruit and Veg?

Ziel / Leitidee	In dieser Stunde üben die Schüler den Umgang mit dem Wörterbuch. Sie ordnen Wörter alphabetisch und thematisch und erschließen eigenständig die Bedeutung unbekannter Vokabeln.
Klassenstufe	5 / 6
Sprachliche Mittel	Systematisieren von Wortschatz *(animals / fruit / vegetables)*
Vorbereitung / Material	Wörterbücher, Anschrieb Tafelbild
Sozialform	Einzelarbeit, Partnerarbeit
Kompetenzbereich	Umgang mit dem Wörterbuch (Methodenkompetenz)

Hauptphase

- Präsentieren Sie das vor der Stunde angeschriebene **Tafelbild**.
- Bitten Sie die Schüler, alle Wörter zu übernehmen und alphabetisch zu ordnen.

Tipp   Bei richtiger alphabetischer Anordnung ergeben die Buchstaben vor den Wörtern von hinten nach vorn gelesen einen sinnvollen englischen Satz. Mit diesem Hinweis ermöglichen Sie den Schülern die Selbstkontrolle.

- Im nächsten Schritt lassen Sie die Schüler alle Wörter den **Wortfeldern** *animals* oder *fruit and vegetables* zuordnen.
- Gestatten Sie hierfür den Schülern, unbekannte Wörter im Wörterbuch nachzuschlagen und ihre deutsche Bedeutung zu notieren.
- Die Zugehörigkeit zu dem jeweiligen Wortfeld können die Schüler durch eine **Markierung** mit zwei unterschiedlichen Farben deutlich machen (z. B. *fruit and vegetables* – grün / *animals* – rot).
- In Partnerarbeit können die Schüler dann ihre **Ergebnisse** miteinander vergleichen, diskutieren und gegebenenfalls korrigieren [→ *Think-Pair-Share*].

Ergebnissicherung

- Der durch die alphabetische Anordnung entstandene Satz wird **vorgelesen** und an der Tafel notiert.
- Einzelne Schüler **markieren** im Tafelbild die Zugehörigkeit zu den Wortfeldern mit farbiger Kreide.

Mögliche Anschlussaktivität

Schnelle Schüler können

- eine **Zeichnung** zu einem oder mehreren der „neuen", nachgeschlagenen Begriffe auf jeweils einem A4-Blatt anfertigen oder
- mithilfe des Wörterbuchs ein → *Alphabet of* ... zu den genannten Wortfeldern entwerfen.

Die Schüler können ihre zusätzlich angefertigten Zeichnungen den jeweiligen Wörtern an der Tafel zuordnen.

Tafelbild

Animal or Fruit and Veg?

(t)	*pear*
(I)	*squirrel*
(i)	*penguin*
(a)	*grapefruit*
(a)	*snake*
(i)	*peach*
(c)	*peas*
(c)	*spinach*
(a)	*plum*
(u)	*sloth*
(d)	*pigeon*
(n)	*snail*
(y)	*goat*
(n)	*grapes*
(e)	*porcupine*
(s)	*seal*
(r)	*goose*
(o)	*parrot*

Lösungen

- Satz nach alphabetischer Sortierung: *I can use a dictionary.*
- Wortfeld *fruit and vegetables*: *grapes, plum, spinach, peas, pear, peach, grapefruit.*
- Wortfeld *animals*: *squirrel, penguin, snake, sloth, pigeon, snail, goat, porcupine, seal, goose, parrot.*

2   The Secret Message

Ziel / Leitidee	Die Schüler dekodieren eine verschlüsselte Nachricht und spinnen den Faden einer Kriminalgeschichte weiter. Sie verfassen eine kurze Geheimbotschaft mithilfe der Kodiertabelle.
Klassenstufe	5 / 6
Sprachliche Mittel	Alphabet
Vorbereitung / Material	Anzeichnen der Kodiertabelle an die Tafel
Sozialform	Gruppenarbeit, Partnerarbeit
Kompetenzbereich	Buchstabieren

Hinführung

- Schaffen Sie mit einer kurzen **Erzählung** einen situativen Kontext für die geplante Aktivität.

> *Last night a diamond was stolen from a store on the main street of our town. The diamond was priceless. The thieves have posted an internet message in secret code saying where the diamond is.*

- Zeigen Sie nun die **Tabelle** an der Tafel.
- **Erklären** Sie die Buchstabenkombinationen: 2A = f, 4O = s usw.
- Schreiben Sie zur **Kontrolle** ein Codewort an die Tafel, z. B. 4A 3U 3E 2O 1I 1U (= police), und bitten Sie die Schüler, die Lösung zu nennen.

Hauptphase

- Teilen Sie die Klasse in zwei **Polizeiteams** ein.
- Schreiben Sie nun die vollständige *internet message* an die Tafel und fordern Sie die Teams auf, diese schnellstmöglich zu **entschlüsseln**.

Tipp Weisen Sie darauf hin, dass die Nachricht mehrere Wörter enthält, die durch Schrägstriche voneinander getrennt sind.

Ergebnissicherung

- **Kontrollieren** Sie das Ergebnis.

Mögliche Anschlussaktivität

- Teilen Sie den Schülern mit, dass im vermeintlichen Versteck (in der Papiertüte) nur eine weitere verschlüsselte Nachricht lag.
- Lassen Sie die Schüler **Paare** bilden. Diese **erstellen** nun mithilfe der Kodiertabelle neue Hinweise auf den Verbleib der Juwelen. Nach ca. 10 Minuten tauschen die Paare untereinander ihre kodierten Texte aus und **entziffern** sie.

Tafelbild

Kodiertabelle

	A	E	I	O	U
1	a	b	c	d	e
2	f	g	h	i	j
3	k	l	m	n	o
4	p	q	r	s	t
5	u	v	w	y	z

Nachricht

4U 2I 1U / 1O 2O 1A 3I 3U 3O 1O / 2O 4O / 2O 3O / 1A / 4O 3I 1A 3E 3E / 1E 4I 3U 5I 3O / 4A 1A 4A 1U 4I / 1E 1A 2E / 5A 3O 1O 1U 4I / 1A / 1E 1U 3O 1I 2I / 2O 3O / 4O 1A 2O 3O 4U / 2U 1A 3I 1U 4O / 4A 1A 4I 3A / 2O 3O / 3E 3U 3O 1O 3U 3O.

Lösung

The diamond is in a small brown paper bag under a bench in Saint James Park in London

3 An Autobiopoem

Ziel / Leitidee	Ziel der Unterrichtsstunde ist es, dass die Schüler ein individuelles Gedicht verfassen, in dem sie sich persönlich vorstellen. Dieses Gedicht kann – bei zusätzlichem Zeitvolumen – illustriert und präsentiert werden.
Klassenstufe	5 / 6
Sprachliche Mittel	variabel
Vorbereitung / Material	Kopie oder Folie des Mustergedichts
Sozialform	Einzelarbeit
Kompetenzbereich	Kreatives Schreiben

Hinführung

Lesen und besprechen Sie gemeinsam mit den Schülern das **Beispielgedicht**. Gegebenenfalls müssen Sie das Gedicht an das sprachliche Niveau Ihrer Lerngruppe anpassen.

Wichtig Das Beispielgedicht sollte als Muster formal und inhaltlich möglichst allen Schülern verständlich sein.

Hauptphase

Erteilen Sie den **Arbeitsauftrag**: *'Write and illustrate your own autobiopoem.'* Geben Sie eine Zeitvorgabe von ungefähr 20 Minuten.

Tipp Um einen reibungslosen Ablauf zu gewährleisten, sollten Sie in dieser Phase Wörterbücher zur individuellen Vokabelsuche bereitstellen.

Ergebnissicherung

- Nach Ablauf der Zeit hängen die Schüler ihre (illustrierten) Gedichte im Klassenzimmer auf. In einem → **Museumsgang** machen sie sich anschließend mit den Gedichten ihrer Mitschüler vertraut.
- Bei ausreichendem Zeitvolumen tragen die Schüler nacheinander ihre Gedichte vor. Die Gedichte können zusätzlich von den Mitschülern **eingeschätzt** werden [→ S. 127].

Beispielgedicht

My autobiopoem

(line 1)	*Hannah*	*first name*
(line 2)	*friendly, helpful, caring, honest*	*four characteristics*
(line 3)	*sister of Julia*	*sister / friend of …*
(line 4)	*lover of sports, friendship, learning*	*lover of …*
(line 5)	*who feels joy when skiing*	*who feels joy when …*
(line 6)	*who needs sunshine every day*	*who needs ….*
(line 7)	*who gives love and smiles*	*who gives ….*
(line 8)	*who fears spiders and ghosts*	*who fears …*
(line 9)	*who'd like to see Paris*	*who'd like to see …*
(line 10)	*resident of Berlin*	*resident of (your city)*
(line 11)	*Hagen*	*last name*

Secret Pen Friend

Ziel / Leitidee	Bei dieser Aktivität schreiben sich die Schüler gegenseitig Briefe, bleiben jedoch anonym. Ziel ist es, aufgrund der Informationen die Identität des Verfassers zu erraten.
Klassenstufe	5 / 6
Sprachliche Mittel	variabel
Vorbereitung / Material	Kärtchen oder Zettel mit den Namen aller Schüler
Sozialform	Einzelarbeit
Kompetenzbereich	Schreiben

Hinführung

- **Mischen** Sie die Namenskärtchen und lassen Sie jeden Schüler ein Kärtchen ziehen.
- Sammeln Sie nun zunächst gemeinsam mit den Schülern **Fragen**, die man in einem Vorstellungsbrief an einen Brieffreund beantworten könnte.

Mögliche Fragestellungen

How old are you?
Where do you live?
What does your flat / room look like?
Have you got any brothers or sisters?
Have you got any pets?
What do you do in your free time?
Have you got any hobbies?
What are your favourite subjects / sports …?
What are you good at?
What are your favourite foods / drinks?
What / Who are your favourite books / films / actors?
Have you ever been to a foreign country?

Hauptphase

- Fordern Sie die Schüler nun auf, ihrem „Brieffreund" einen **Brief zu schreiben**, in dem sie die gesammelten Fragen möglichst aussagekräftig beantworten.

Wichtig Weisen Sie die Schüler darauf hin, dass sie den Brief nicht unterschreiben dürfen.

- Nach Fertigstellung der Briefe fungieren Sie als Postbote und verteilen die Briefe. Die Schüler lesen nun ihren Brief und antworten darauf. Die Antwort sollte die (begründete) Vermutung enthalten, wer der Verfasser des Ausgangsbriefs ist.

Ergebnissicherung
- Im Plenum können anschließend einzelne Briefe **vorgelesen** werden. Die Vermutung wird dabei auf ihre Richtigkeit überprüft.

5 Star Game

Ziel / Leitidee	*Star game* ist ein sehr motivierendes und aktivierendes Teamspiel, in dem die Schüler unter Zeitdruck möglichst viele themenbezogene Vokabeln sammeln müssen.
Klassenstufe	5 / 6
Sprachliche Mittel	Wortschatz aus unterschiedlichen Themenbereichen
Vorbereitung / Material	Folie mit dem Spielfeld
Sozialform	Teamspiel
Kompetenzbereich	Schreiben

Hinführung

- Teilen Sie die Schüler zunächst in Teams zu jeweils ca. **vier bis sechs Schülern** ein.
- Präsentieren Sie das Spielfeld (Sternenblatt) und erläutern Sie die **Spielregeln**.

Hauptphase

- Das erste Team wählt einen der Sterne, hinter denen sich die **Kategorien** verbergen. Nachdem der Lehrer die Kategorie (z. B. *animals*) genannt hat, gibt er ein Signal und jedes Team notiert sich nun möglichst viele **Begriffe**, die in die Kategorie gehören. Auf das Kommando „Stopp!" hin legen die Teams die Stifte beiseite und zählen ihre Wörter.
- Das Team mit den meisten Begriffen erhält die **Punktzahl** des Sterns.

> **Tipp** Lassen Sie das Siegerteam zur Kontrolle die Begriffe vorlesen.

- Im Uhrzeigersinn darf nun das **nächste Team** einen Stern wählen.
- Am Ende gewinnt das Team mit den meisten Punkten.

Beispiele für Kategorien

> 1 *animals*, 2 *vegetables*, 3 *Halloween*, 4 *family / relatives*, 5 *pets*, 6 *indoor sports*, 7 *feelings*, 8 *furniture*, 9 *clothes*, 10 *subjects*, 11 *food*, 12 *places in a town*, 13 *colours*, 14 *musical instruments*, 15 *water sports*, 16 *parts of the body*, 17 *drinks*, 18 *jobs*, 19 *vehicles*, 20 *household jobs*, 21 *fruits*, 22 *outdoor sports*, 23 *classroom*, 24 *weather*, 25 *Christmas words*.

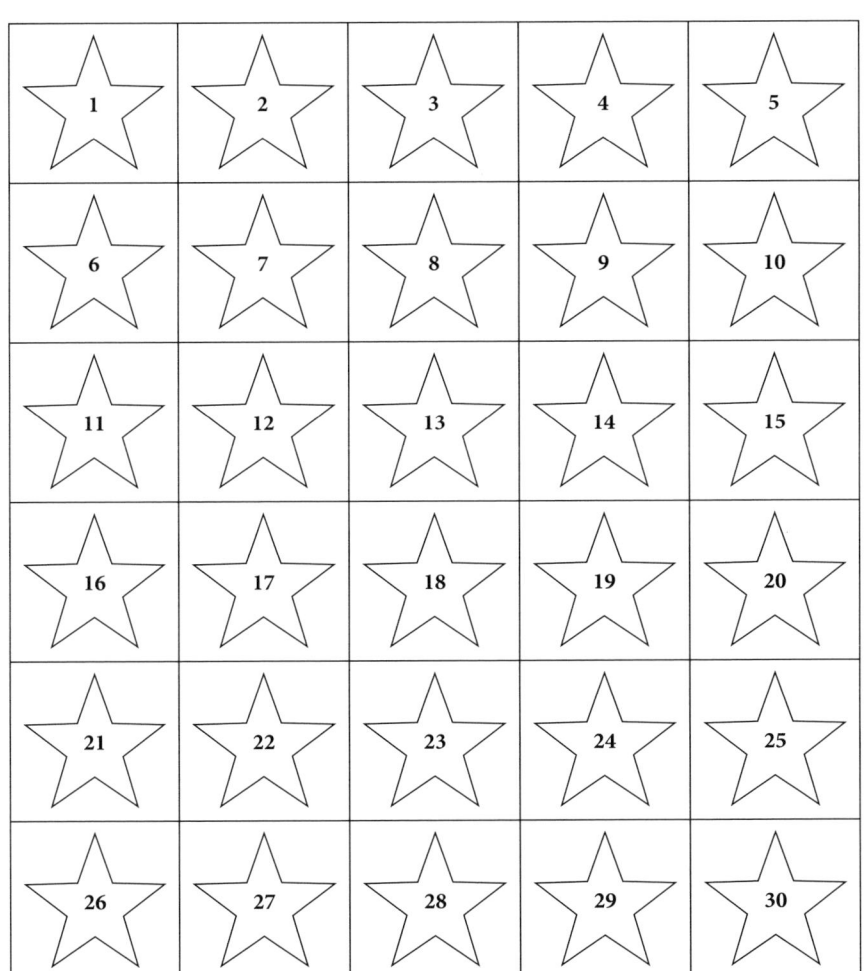

Magic Pen

Ziel / Leitidee	Im Mittelpunkt der Stunde steht das mündliche und schriftliche Verfassen einer Fantasiegeschichte.
Klassenstufe	5 / 6
Sprachliche Mittel	*Simple past*
Vorbereitung / Material	passender Stift zum Herumgeben
Sozialform	Partnerarbeit
Kompetenzbereich	Sprechen, Schreiben

Hinführung

- Präsentieren Sie den **Stift** zum Herumgeben. Erzählen Sie den Schülern, dass dieser Stift ein *magic pen* ist, weil derjenige, der ihn gerade in der Hand hält, wundervolle Geschichten erzählen kann.
- Nehmen Sie den Stift nun in die Hand und beginnen Sie eine **Geschichte** zu erzählen.

Beispielgeschichte

> *It was Christmas Eve and I was very excited. I hung my stocking up on the wall next to my bed and fell fast asleep. In my dream, I thought of all the lovely things that Santa would bring me. When I woke up, I looked in my stocking and found nothing but a silver box. It was very shiny, with a star on the lid. I opened it to find …*

- Unterbrechen Sie die Geschichte und geben den Stift an einen (freiwilligen oder leistungsstarken) Schüler weiter. Bitten Sie ihn, mit der Geschichte etwas **fortzufahren** und anschließend den Stift an einen anderen Mitschüler weiterzureichen.
- Fahren Sie fort, bis ein Schüler (auf Ihr Signal hin) die Geschichte **beendet**.

Hauptphase

- Teilen Sie die Klasse in **Schülerpaare** auf. Jedes Paar wählt sich seinen *magic pen* und verfasst nun abwechselnd eine Geschichte, indem der Stift zum **Schreiben** jeweils ausgetauscht wird. Die Paare entscheiden selbstständig, wann sie wechseln. Hierfür sollten sie ca. 10 bis 15 Minuten Zeit erhalten.
- Geben Sie ein Signal zum Beenden der Geschichte.

Mögliche *story starters*

> *1. Paul(a) was home alone. (S)he climbed up to the top of the stairs, when (s)he saw a door which had never been there before. (S)he went in and ...*
> *2. Once upon a time there was a singing frog ...*

Ergebnissicherung / Präsentation
- Die Geschichten werden im **Plenum** präsentiert.

7 Battleship Game

Ziel / Leitidee	In diesem Sprachspiel üben und festigen die Schüler die Fragebildung auf sehr motivierende und kommunikative Weise. Die Aktivität basiert auf der Idee des Spiels „Schiffe versenken".
Klassenstufe	5 / 6
Sprachliche Mittel	Fragebildung
Vorbereitung / Material	Kopien des Arbeitsblatts
Sozialform	Partnerarbeit
Kompetenzbereich	Sprechen

Hinführung

- Fragen Sie zunächst, ob allen Schülern die Spielidee „Schiffe versenken" bekannt ist.
- Erläutern Sie gegebenenfalls die **Regeln**.
- Anschließend erhält jeder Schüler eine Kopie des Arbeitsblatts, das als **Spielfeld** dient.
- Vor Spielbeginn bietet es sich an, ein bis zwei **Fragebeispiele** und die passenden Kurzantworten durchzusprechen.

Hauptphase

- Jeder Schüler trägt nun seine drei „Schiffe" in das Arbeitsblatt ein. Dabei malt er jeweils die entsprechenden Felder farbig aus.

> Schiff 1: drei zusammenhängende Felder
> Schiff 2: zwei zusammenhängende Felder
> Schiff 3: ein Feld

Achtung Die Felder dürfen jeweils nur horizontal oder vertikal verlaufen. Diagonalen sind nicht erlaubt.

- Anschließend erfragen die Schüler in **Partnerarbeit** abwechselnd einzelne Felder mit den auf dem Arbeitsblatt vorgegebenen Fragen. Ziel ist es, die „Schiffe" des Partners zu finden. Befindet sich ein Schiff im erfragten Feld, antwortet der gefragte Schüler mit 'Yes, I have / can / do ...'. Ist das Feld nicht markiert, wird die Frage entsprechend verneint.

Anschlussaktivitäten

- Da die erteilten Antworten in diesem Spiel häufig nicht der Wahrheit entsprechen werden, geben Sie den Schülern unabhängig vom Spiel Gelegenheit, die Fragen noch einmal zu stellen und **wahrheitsgemäß** zu beantworten.
- Die Schülerpaare können sich hierzu Notizen machen und die gewonnenen Informationen am Ende der Stunde im Plenum präsentieren.

Questions Battleship Game

Do you have a(n) ... ?	mo-ther	bro-ther	sister	uncle	aunt	cousin	friend	girl-friend	father
Is your favourite colour ... ?	red	green	black	grey	blue	orange	pink	brown	white
Do you like ... ?	pizza	pasta	spin-ach	fruits	nuts	bur-gers	chips	fish	eggs
Are you wearing ... ?	jeans	a blouse	a shirt	a dress	shorts	glasses	a hat	a T-shirt	socks
Can I borrow your ... ?	pen	mobile phone	watch	bike	lip-stick	ruler	laptop	CD	MP3 player
Do you listen to ... ?	folk music	hip hop	coun-try music	reggae	rock music	hard rock	oldies	R'n'B	love songs
Do you have a ... ?	hams-ter	dog	cat	rat	budgie	parrot	guinea pig	horse	pig
Do you like ... ?	milk	juice	beer	water	milk shakes	cocoa	tea	wine	coke
Are you good at ... ?	Ger-man	Eng-lish	science	art	music	biolo-gy	PE	maths	French
Do you play ... ?	chess	tennis	Wii	Play-Sta-tion	Xbox	darts	golf	squash	PSP
Is your favourite month ... ?	May	June	March	April	Sept.	Oct.	July	Dec.	Nov.

Finding Your Soulmates

Ziel / Leitidee	Bei dieser Aktivität befragen sich die Schüler gegenseitig zu unterschiedlichen Vorlieben. Ziel ist es, zu jeder Aussage einen Mitschüler zu finden, der diese Vorliebe teilt.
Klassenstufe	5 / 6
Sprachliche Mittel	Subjektfragen
Vorbereitung / Material	Kopien des Arbeitsblatts oder Folie
Sozialform	gesamte Klasse
Kompetenzbereich	Sprechen

Hinführung
- Teilen Sie das **Arbeitsblatt** aus oder präsentieren Sie die **Folie**. Geben Sie im letzteren Fall den Schülern genügend Zeit, um die Folie zu übernehmen.
- Lassen Sie die Schüler ihre persönlichen Vorlieben ergänzen.

Hauptphase
- Fordern Sie die Schüler auf, umherzugehen und sich gegenseitig zu **befragen** [→ Klassenspaziergang]. Die Namen der Mitschüler, welche die gleiche Vorliebe haben, werden an entsprechender Stelle eingetragen.
- Falls nötig, machen Sie den Unterschied zwischen ʻ*Who is your favourite …?*ʼ und ʻ*What is your favourite …?*ʼ deutlich.

Ergebnissicherung
- Lassen Sie die Schüler im **Plenum** ein Feedback geben.
- Mögliche Fragestellungen:

> *Who has the same favourite food, … as you? What is it?*
> *Who shares most of your favourites?*
> *Is there something you like that nobody else likes?*
> *Could you find a soulmate for every favourite?*

Alternative
- Die Schüler füllen ihre persönliche Favoritenliste **anonym** aus.
- Sammeln Sie die Listen ein.
- Teilen Sie die Klasse in vier bis fünf **Gruppen** ein.
- Geben Sie jeder Gruppe die entsprechende Anzahl von Favoritenlisten (eine Liste pro Schüler).

- Jedes Gruppenmitglied liest eine Liste vor. Die Gruppe versucht zu **erraten**, um wessen Liste es sich handelt.
- Am Ende der Stunde stellen die Gruppen jeweils eine oder zwei Listen im **Plenum** vor, über deren Verfasser sie sich sicher beziehungsweise einig sind. Der Verfasser gibt sich anschließend zu erkennen.

What's / Who's your favourite ...?	You	Your soulmate (name)
... colour		
... subject		
... drink		
... day of the week		
... activity		
... book		
... food		
... animal		
... singer / band		
... sport		
... toy		
... month		
... song		

© Cornelsen Verlag Scriptor, Berlin • 45 Vertretungsstunden Englisch

„Have you ever …?" Bingo

Ziel / Leitidee	Nach den Regeln eines herkömmlichen „Bingo"-Spiels üben und festigen die Schüler das *present perfect* auf spielerische Weise.
Klassenstufe	5 / 6
Sprachliche Mittel	*Present perfect*
Vorbereitung / Material	Tafelanschrieb Bingo-Tabelle
Sozialform	Partnerarbeit, gesamte Klasse
Kompetenzbereich	Sprechen

Hinführung

- Schreiben Sie diese oder ähnliche acht **Fragen** an die Tafel:

> *Have you ever seen a ghost?*
> *Have you ever been late for school?*
> *Have you ever eaten with chopsticks?*
> *Have you ever read a book with no pictures in it?*
> *Have you ever taken part in a talent show?*
> *Have you ever stayed up all night?*
> *Have you ever got an autograph from a famous person?*
> *Have you ever been to a rock concert?*

- Teilen Sie die Schüler in **Paare** ein.
- Geben Sie den Schülern zwei bis drei Minuten, um sich die Fragen **einzuprägen**. Schließen Sie dann die Tafel.
- Im Anschluss **notieren** die Schülerpaare so viele Fragen wie möglich. Sieger ist das Paar mit den meisten richtigen Fragen.

Zwischenaktivität (optional)
- Die Schülerpaare stellen sich **gegenseitig** die Fragen und beantworten sie [→ Kugellager].

Hauptphase

- Auf ein A4-Blatt übertragen die Schüler nun jeder für sich die **Tabelle** von der Tafel und notieren in jedes Quadrat eine Frage nach dem Muster 'Have you ever …?'.

Tipp Die schwächeren Schüler dürfen dabei aus der Liste der acht Ausgangsfragen „borgen".

- Fordern Sie die **stärkeren Schüler** zu kreativen und lustigen Fragen auf.

- Erklären Sie gegebenenfalls die **„Bingo"-Regeln**.
- Anschließend wandern die Schüler in der Klasse herum und befragen sich gegenseitig [→ Klassenspaziergang]. Antwortet der Befragte mit 'Yes, I have / can / do …', trägt der Fragende auf seinem Blatt den Namen des Mitschülers in das entsprechende Feld ein.

Achtung Jeder Schüler darf jeden Mitschüler nur einmal befragen!

- Sobald ein Schüler eine **Fragenreihe** (diagonal, vertikal oder horizontal) vollständig mit Namen ausgefüllt hat, ruft er „Bingo!" und darf sich auf seinen Platz setzen.
- Fahren Sie fort, bis etwa **zehn Schüler** sitzen.

Ergebnissicherung / Präsentation
- Im **Plenum** stellen einzelne Schüler ihre Ergebnisse noch einmal mündlich vor. Als Lehrer können Sie dabei auch weitere interessante Hintergrundinformationen erfragen.

Bingo-Tabelle

Have you ever …?	Have you ever …?	Have you ever …?	Have you ever …?	Have you ever …?

10 The Chosen One

Ziel / Leitidee	In dieser Stunde wird das detaillierte Hörverstehen der Schüler gefördert. Die Schüler erraten durch Ausschlussverfahren eine beschriebene Person (oder einen Gegenstand) und beschreiben im Anschluss ihren Mitschülern analog eine Person.
Klassenstufe	5 / 6
Sprachliche Mittel	Wortschatz und Strukturen zur Personenbeschreibung, *present progressive*
Vorbereitung / Material	aktueller Sitzplan der Klasse
Sozialform	Einzelarbeit
Kompetenzbereich	Hören, Sprechen

Einstieg

- Wiederholen Sie bei Bedarf **Wortschatz** zum ausgewählten Thema (z. B. Kleidung, Farben usw.) [→ S. 126]
- Lassen Sie jeden Schüler auf einem A4-Blatt einen aktuellen **Sitzplan** der Lerngruppe erstellen und mit Namen versehen.

Hauptphase

- Erläutern Sie den Leitgedanken und erteilen Sie den **Hörauftrag**.

  I know that you are all special, but today I have chosen one of you as 'Mr or Miss Special'. I'm going to tell you who it is NOT. So listen carefully and mark the people I have NOT chosen (with a tick or cross) on your grid.

- Tragen Sie der Klasse **Sätze** vor, die allmählich auf den ausgewählten Schüler hinweisen, z. B.:

  The chosen one is not wearing a skirt. This person is not wearing anything white. This person is not sitting near the door. The person I've chosen is not wearing trainers. This person is not sitting in the first row …

- Die Schüler **kennzeichnen** auf ihren Sitzplänen die Mitschüler, die nicht infrage kommen, bis jemand die „auserwählte Person" errät.
- Geben Sie nun die **Aufgabe** an die Schüler weiter.

  Now you can choose a special person. Then, tell us who it is NOT. Don't make it too easy.

- Lassen Sie den Schülern je nach Jahrgang und Leistungsstärke eine angemessene **Vorbereitungszeit**.

Ergebnissicherung
- Einzelne Schüler verlesen ihre **Beschreibungen** nacheinander, während die Mitschüler die beschriebenen Personen in ihrem Sitzplan markieren und *the chosen one* erraten.

Tipp Um den gleichen Sitzplan mehrmals verwenden zu können, sollte bei jeder Runde eine andere Farbe oder ein anderes Symbol zum Markieren verwendet werden.

Alternativen
Bei dieser Aufgabe kann der Fokus auf **verschiedene Themen oder Wortfelder** gerichtet werden, z. B.:
- Präpositionen,
- Adjektive,
- Kleidung und Farben,
- Gegenstände im Klassenraum.

Ring the Right Answer

Ziel / Leitidee	In dieser Stunde beantworten die Schüler landeskundliche Fragen in Form eines Staffelwettkampfs.
Klassenstufe	5 / 6
Sprachliche Mittel	gegebenenfalls Fragen
Vorbereitung / Material	farbige Kreide (zwei Farben), Tafelbild an verdeckter Tafel
Sozialform	gesamte Klasse
Kompetenzbereich	Hören

Einstieg
- Teilen Sie die Klasse in **zwei Gruppen** ein.
- Die Gruppen stellen sich in zwei Reihen zur Tafel hin auf. Der erste Schüler jeder Gruppe erhält **farbige Kreide** (unterschiedliche Farben!).
- Klappen Sie die Tafel auf und erklären Sie die **Spielregeln**.

Haupthase
- Formulieren Sie eine **Frage**.
- Auf ein Signal hin (z. B. *'Ready, steady, go!'*) laufen die ersten Schüler beider Mannschaften an die Tafel und versuchen die richtige Antwort mit ihrer Farbe **einzukreisen**.
- Anschließend wird die Kreide an den nächsten Schüler weitergegeben und der erste Schüler reiht sich wieder hinten in seine Mannschaft ein.

Tipp Weisen Sie darauf hin, dass lautes Vorsagen auch der gegnerischen Mannschaft hilft.

- **Überprüfen** Sie nach jeder Frage mit der Klasse die Richtigkeit der Antwort und entfernen Sie falsche Einkreisungen.
- Stellen Sie erst dann die **nächste Frage** an die nächsten beiden Schüler.
- Am Ende gewinnt die Mannschaft mit den meisten „Ringen" an der Tafel.

Mögliche Anschlussaktivität
- Beide Gruppen **wählen** jeweils einen landeskundlichen Begriff aus
- Ein Schüler der Gruppe A fordert Gruppe B zum Raten auf: *'We're thinking of a famous (British/American) place/person. What/Who is it?'*
- Gruppe B darf **maximal fünf Fragen** stellen. Anschließend errät Gruppe A einen Begriff von Gruppe B usw. Für jeden richtig erratenen Begriff wird ein Punkt vergeben.

Alternativen

- Die Aktivität lässt sich auch zu **anderen Themen** einsetzen, z. B. zu verschiedenen Wortfeldern, unregelmäßigen Verben, Gegensätzen oder dem Alphabet.

Mögliches Tafelbild

London	*red*	*the Queen*
the Thames	*Nessie*	*Madame Tussaud's*
black	*United Kingdom*	*USA*
Santa Claus	*Sherlock Holmes*	*Buckingham Palace*
25 December	*26 December*	*turkey and plum pudding*
tube	*the London Eye*	*Pounds and Pence*
bacon and eggs	*Australia*	*Barack Obama*

Auswahl möglicher Fragen

1. *What's the capital of Great Britain?*
2. *Who is Elizabeth II?*
3. *When is Boxing Day?*
4. *Who lived in Baker St.?*
5. *Where can you see kangaroos and koala bears in the wild?*
6. *What's the name of a famous Scottish monster?*
7. *What's another name for Father Christmas?*
8. *What's part of a typical English breakfast?*
9. *Which river is in London?*
10. *Where is the Queen's home in London?*
11. *What's the colour of a typical London bus (taxi)?*
12. *When do British children get their Christmas presents?*
13. *What kind of money do you need in the UK/Great Britain?*
14. *What do the letters UK stand for?*
15. *What do most English people eat at Christmas?*
16. *Where is New York?*
17. *What's the name of the big wheel in London?*
18. *What's another name for the London underground?*
19. *Who is the president of the USA?*
20. *Where can you see (wax figures of) movie stars and famous people (made of wax)?*

The Family Puzzle

Ziel / Leitidee	In dieser Stunde lösen die Schüler ein Rätsel und wiederholen das Vokabular zum Thema *family members*.
Klassenstufe	5 / 6
Sprachliche Mittel	Übung und Festigung des Wortschatzes zum Thema *family members*
Vorbereitung / Material	Kopien des Arbeitsblatts (S. 38), Kopie des Lösungsblatts (S. 39), Folie Musterstammbaum
Sozialform	Einzelarbeit
Kompetenzbereich	Lesen

Hinführung

- **Wiederholen** Sie mit den Schülern zunächst alle Vokabeln zum Thema [→ Platzdeckchen]. Kontrollieren Sie die Ergebnisse im Plenum und fixieren diese an der Tafel in Form eines „Clusters" [→ S. 126].
- Präsentieren Sie anschließend den Musterstammbaum auf Folie und üben den Wortschatz erneut.

Hauptphase

- Erteilen Sie den Arbeitsauftrag und händigen Sie das **Arbeitsblatt** aus.

> *Read the relationships and then answer the questions. There may be more than one answer to each question.*

- Die Schüler versuchen nun in **Stillarbeit** das Rätsel zu lösen.

Ergebnissicherung

- Hängen Sie das **Lösungsblatt** [→ S. 38] an der Tafel aus, sodass die Schüler sich selbst kontrollieren können.
- Bitten Sie die Schüler, den **Familienstammbaum** der Millers zu zeichnen. Die Stammbäume werden anschließend an der Tafel ausgehängt, verglichen und im Plenum besprochen.

The Watsons

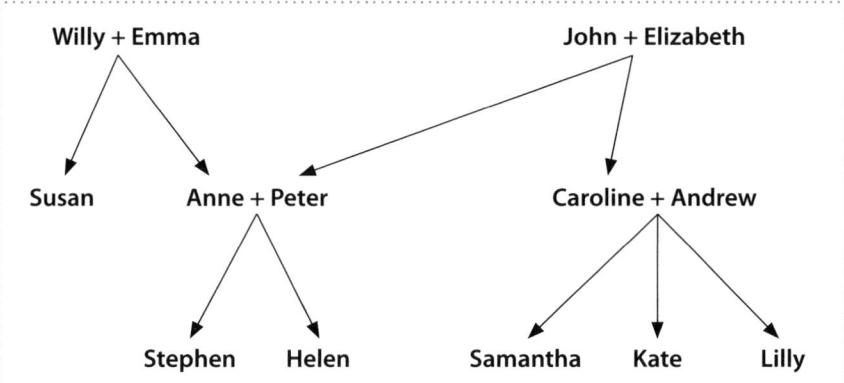

Willy + Emma		John + Elizabeth
Susan Anne + Peter		Caroline + Andrew
Stephen Helen		Samantha Kate Lilly

Who is who?

- Willy and Emma are Anne's _____
- Caroline is Elizabeth's _____
- Andrew is Samantha's _____
- Kate is Lilly's _____
- Stephen is Helen's _____
- Helen is Kate's _____
- Peter is Lilly's _____
- Helen is Caroline's _____
- John is Lilly's _____
- Willy and Emma are Stephen's _____
- Helen is Willy and Emma's _____

The Millers

Read the relationships below and then answer the questions. There may be more than one answer to each question.

Anne is Robert's mother.

Robert is Jill's husband.

Jim is Robert's father.

Jack is Anne's brother.

George is Anne's father.

Lilly is Anne's mother.

Ben is Maria's husband.

Lilly is Ben's mother-in-law.

Linda is Tom's wife.

Andrew is Linda's son.

David and Eva are Linda's parents.

Snoopy is Robert and Jill's dog.

Linda is Robert's mother-in-law.

Jim is Maria's brother-in-law.

Susan is Robert's sister.

Molly is Robert's sister-in-law.

Who ist Tom? ....

Robert is Jim and Anne's ....

How is Molly related to Tom and Linda? ....

Ben is Lilly's ....

How is Jim related to Ben? ....

How is Ben related to George? ....

How is Jack related to Maria? ....

How is Jill related to Susan? ....

How is Robert related to Anne? ....

How is George related to Lilly? ....

Is Jill related to Molly? ....

How is Robert related to Andrew? ....

How is Andrew related to David and Eva? ....

How is George related to Susan? ....

How is Jim related to Snoopy? ....

Solution

Tom is Linda's husband, Molly's, Andrew's and Jill's father, Robert's father-in-law, David and Eva's son-in-law.

Robert is Jim and Anne's son.

Molly is Tom and Linda's daughter.

Ben is Lilly's son-in-law.

Jim and Ben are brothers-in-law.

Ben is George's son-in-law.

Jack is Maria's brother.

Jill is Susan's sister-in-law.

Robert is Anne's son.

George and Lilly are husband and wife.

Molly is Jill's sister.

Robert is Andrew's brother-in-law.

Andrew is David and Eva's grandson.

George is Susan's grandfather.

Jim and Snoopy are not related.

13 Two Animal Riddles

Ziel / Leitidee	In dieser Stunde nutzen die Schüler verschiedene Lesestrategien, um zwei Tierrätsel zu lösen. Ziel ist es, durch detailliertes Lesen verschiedene Haustiere ihren Besitzern zuzuordnen sowie Tierbezeichnungen, die über mehrere Wörter eines Satzes versteckt wurden, zu erkennen.
Klassenstufe	5 / 6
Sprachliche Mittel	Wortschatz zum Thema *animals*
Vorbereitung / Material	Kopien des Arbeitsblatts (S. 43) oder Folie
Sozialform	Einzelarbeit, Partnerarbeit
Kompetenzbereich	Lesen

Hinführung

- Stimmen Sie auf das Thema ein, indem Sie die Schüler im **Plenum** befragen, wer welche Haustiere hat, hatte oder gerne hätte.
- **Wiederholen** Sie bei Bedarf Wortschatz zum Thema Haustiere und ihre arttypischen Verhaltensweisen und Fähigkeiten: *pets / animals that swim, fly, climb …* [→ S. 126]

Hauptphase

- Zeigen Sie die Folie oder teilen Sie die Arbeitsblätter aus und erläutern Sie die **Aufgabenstellung** für beide Rätsel.

> I. *These five children have these different pets. But who has which pet? Can you find the right owner?*
> II. *Read each sentence carefully. There is one animal hidden in each sentence, but it is hidden in more than one word.*

Tipp Weisen Sie darauf hin, dass für die Lösung des ersten Rätsels erst alle Informationen genau gelesen werden müssen.

> *Let's see who can find the right pet for each child and all the hidden animals first.*

- Halten Sie die Schüler dazu an, **zunächst allein** zu arbeiten und anschließend ihre Lösungsansätze mit einem **Partner** zu vergleichen und zu diskutieren [→ *Think-Pair-Share*].

Ergebnissicherung

- Die Schüler **präsentieren** ihre Lösungsvorschläge im Plenum, diskutieren und begründen diese bei Bedarf.

Mögliche Anschlussaktivitäten

- Schüler, die beide Rätsel (vorzeitig) gelöst haben, können dazu angehalten werden, ähnliche Rätsel analog **selbst zu verfassen**. Dabei können zu Rätselvariante eins zur Vereinfachung vier Besitzernamen und eine Auswahl geeigneter Haustiere vorgegeben werden, welche die Schüler dann zuordnen und entsprechend beschreiben.
- Alternativ können die „gefundenen" Tiere aus dem zweiten Rätsel auf je ein A4-Blatt gemalt werden. Diese **Zeichnungen** können im Anschluss den jeweiligen Sätzen zugeordnet werden.

Lösungen

I) *Melissa – cat; Tim – mouse; Louis – snake; Paul – pig; Emily – budgie*
II) *bear, camel, dog, rabbit, ape, owl, emu, horse, rat*

My classmates
1) *Liz can **be ar**rogant.*
2) *Tim **came l**ast in the 100m race.*
3) *Leon can't **do g**ood work in the mornings.*
4) *Sue must always **grab bit**s of chocolate from other pupils.*
5) *Emma is **a pe**ssimist.*
6) *Tilda is a s**low l**earner.*
7) *Lee **mu**st work hard in class.*
8) *Joshua is always happy when he's at the beac**h or se**es the ocean.*
9) *Keira **t**ries to work hard every day.*

I) What's my pet?

Melissa, Emily, Tim, Paul and Louis have a pet at home and they love their pets very much. Can you work out who has got which pet?

1. Melissa's pet is bigger than Tim's.
2. Melissa's and Louis' pets drink milk.
3. Tim's pet has got a tail.
4. Louis's pet likes to eat Tim's pet.
5. Paul's pet can't fly but has four legs.
6. Melissa's pet has four legs, too, but it can climb trees.
7. Tim's pet lives in a cage.
8. Louis's pet can be very dangerous.
9. Usually you can find animals like Paul's pet on a farm.
10. Tim's pet can run fast.
11. Melissa's pet likes to attack Emily's pet.
12. Emily's pet is blue and can fly.

Melissa has a _____
Tim has a _____
Louis has a _____
Paul has a _____
Emily has a _____

pig	mouse	budgie
snake	cat	

II) Hidden animals

Look at these sentences. There is one animal hidden in each of them. Can you find it?

My classmates

1) Liz can be arrogant.
2) Tim came last in the 100m race.
3) Leon can't do good work in the mornings.
4) Sue must always grab bits of chocolate from other pupils.
5) Emma is a pessimist.
6) Tilda is a slow learner.
7) Lee must work hard in class.
8) Joshua is always happy when he's at the beach or sees the ocean.
9) Keira tries to work hard every day.

© Cornelsen Verlag Scriptor, Berlin • 45 Vertretungsstunden Englisch

Why Do Pigs Smell?

Ziel / Leitidee	Die Schüler rekonstruieren die chronologische Reihenfolge einer humorvollen Volkssage aus Indien, in der es um die Frage geht, warum sich Schweine so gern im Schlamm wälzen und riechen.
Klassenstufe	5 / 6
Vorbereitung / Material	Kopien des Arbeitsblatts (S. 46), gegebenenfalls Kopien des Lösungsblatts (S. 47), Klebestifte, Scheren
Sozialform	Einzelarbeit
Kompetenzbereich	Lesen

Hinführung
- Seien Sie mutig und malen Sie ein Schwein an die **Tafel**. Lassen Sie Ihre Schüler erraten, um welches Tier es sich handeln könnte.
- Sammeln Sie anschließend **Informationen** und Fakten, die Ihren Schülern zu Schweinen einfallen.
- Beispiele für mögliche **Leitfragen**:

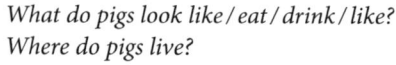

> *What do pigs look like / eat / drink / like?*
> *Where do pigs live?*

- Lenken Sie mit Ihren Fragen die Schüler geschickt zu der **Aussage**: *'Pigs smell.'*
- Leiten Sie über zu der kurzen **Volkssage**, die erklärt, warum sich Schweine bis heute so gern im Schlamm wälzen und häufig unangenehm riechen.

Hauptphase
- Teilen Sie das **Arbeitsblatt** aus und fordern Sie die Schüler auf, die einzelnen Textstreifen auszuschneiden.
- Anschließend rekonstruieren die Schüler die **chronologische Reihenfolge** der Erzählung und kleben sie in dieser auf ein leeres Blatt Papier.

Ergebnissicherung
Die Geschichte wird
- entweder gemeinsam **vorgelesen** oder
- von den Schülern selbstständig anhand eines **Lösungsblatts** kontrolliert.

Mögliche Anschlussaktivitäten

Im Anschluss können die Schüler eine der folgenden *post-reading activities* auswählen.

- *Turn the folktale into a **cartoon**. You may have five to six pictures in the end. Write one or two sentences under each picture. Also, draw speech bubbles and fill them with words.*
- *First, think about an answer to the following questions. Then, ask your partner about his/her opinion. Finally, choose one of the animals and write your own story.*

Hinweis Für diese Aktivität sollten Sie zuvor die folgende Tabelle an die Tafel zeichnen.

Why ...	Your idea	Your partner's idea
... do kangaroos hop?		
... do squirrels like nuts?		
... do zebras have stripes?		
... do dogs bark?		
... do mice like cheese?		
... are elephants grey?		
... do some parrots talk?		
... do kangaroos carry their young in a pouch?		

Why Do Pigs Smell? A Folktale From India

The pig turned and ran. The pig and his family and friends saw that being dirty was good for them, so they began to roll in mud every day before going out. They continue to do so to this day!

The tiger was already waiting for him, but when the pig came near, stepped back in disgust. 'What have you done to yourself?' he shouted. 'You … you stink! Yeecch!' He had come hungrily, but now he felt sick and his appetite was gone. 'I've come to fight,' squeaked the pig. 'Get away from me!' growled the tiger. 'Go!'

After a long day of hunting, the tiger wanted a drink of water and went to a pool. A young pig was drinking at the pool and froze in terror when he saw the tiger coming nearer. But the thirsty tiger ignored him. He bent to drink, but suddenly stopped – the water smelt foul. He decided to go to another pool. The stupid young pig thought that the tiger went away out of fear of him.

Suddenly feeling as strong as an elephant, he ran after the tiger and asked him for a fight. 'Not today,' said the tiger, looking over his shoulder. 'Meet me here tomorrow and we'll fight.' The pig felt even stronger now and ran home to tell everybody that instead of the tiger, soon he would be king of the jungle.

'Keep your meeting with the tiger,' he told his grandson, 'but before going to meet him, roll in the dirt and mud so that you stink to high heaven.' The day of the big fight came. The pig rolled in the mud and in elephant dung and in all the other rubbish he could find and then went to meet the tiger.

When his family and friends heard the pig's story, they were very afraid. They knew why the tiger had turned away from the pool, and told the pig about his foolish action. The pig soon saw that he had made a terrible mistake and felt cold panic. But his old grandfather had a plan to save him.

© Cornelsen Verlag Scriptor: Berlin • 45 Vertretungsstunden Englisch

Lösung

After a long day of hunting, the tiger wanted a drink of water and went to a pool. A young pig was drinking at the pool and froze in terror when he saw the tiger coming nearer. But the thirsty tiger ignored him. He bent to drink, but suddenly stopped – the water smelt foul. He decided to go to another pool. The stupid young pig thought that the tiger went away out of fear of him.

Suddenly feeling as strong as an elephant, he ran after the tiger and asked him for a fight. 'Not today,' said the tiger, looking over his shoulder. 'Meet me here tomorrow and we'll fight.' The pig felt even stronger now and ran home to tell everybody that instead of the tiger, soon he would be king of the jungle.

When his family and friends heard the pig's story, they were very afraid. They knew why the tiger had turned away from the pool, and told the pig about his foolish action. The pig soon saw that he had made a terrible mistake and felt cold panic. But his old grandfather had a plan to save him.

'Keep your meeting with the tiger,' he told his grandson, 'but before going to meet him, roll in the dirt and mud so that you stink to high heaven.' The day of the big fight came. The pig rolled in the mud and in elephant dung and in all the other rubbish he could find and then went to meet the tiger.

The tiger was already waiting for him, but when the pig came near, stepped back in disgust. 'What have you done to yourself?' he shouted. 'You … you stink! Yeecch!' He had come hungrily, but now he felt sick and his appetite was gone. 'I've come to fight,' squeaked the pig. 'Get away from me!' growled the tiger. 'Go!'

The pig turned and ran. The pig and his family and friends saw that being dirty was good for them, so they began to roll in mud every day before going out. They continue to do so to this day!

Draw or Mime Each Letter

Ziel / Leitidee	In dieser Aktivität versuchen die Schüler, ihre „Lieblingswörter" aus verschiedenen Kategorien Buchstabe für Buchstabe zeichnerisch oder pantomimisch darzustellen und zu erraten.
Klassenstufe	5 / 6
Sprachliche Mittel	Übung von Vokabeln aus variablen Wortfeldern
Vorbereitung / Material	gegebenenfalls Wörterbücher
Sozialform	Partnerarbeit, eventuell Teamspiel

Hinführung

- Bevor Sie beginnen, veranschaulichen Sie die Aktivität an einem **Beispiel**.
- **Zeichnen** Sie nacheinander Objekte an die Tafel, deren Anfangsbuchstabe für einen Buchstaben des Lösungswortes steht.
- Alternativ können Sie diese Objekte auch **pantomimisch** darstellen.
- Beispiel:

favourite food: pizza
Objekte:

palm tree   *ice cream*   *zebra*

zero   *apple*

- Fordern Sie die Schüler auf, das gesuchte **Lösungswort** zu nennen.

Hauptphase
- Geben Sie eine Kategorie vor und bitten Sie zunächst jeden Schüler, sich für diese Kategorie ein persönliches **Lieblingswort** auszudenken.

Hinweis Es empfiehlt sich, zunächst mit kürzeren Wörtern zu beginnen.

- Jeder Schüler **notiert** sich seinen Lieblingsbegriff und einzelne Wörter, die die gesuchten Buchstaben repräsentieren.
- Teilen Sie die Schüler nun in **Paare** ein. Die Schülerpaare stellen sich abwechselnd ihre Wörter pantomimisch oder zeichnerisch vor, der jeweils andere Partner **rät** die gesuchten Begriffe.

Mögliche Kategorien

favourite food
favourite animal / pet
favourite sport
favourite subject
favourite colour
favourite country
favourite film / book

Mögliche Anschlussaktivität
- Zum Stundenende kann das Spiel in Form eines **Teamwettstreits** im Plenum gemeinsam gespielt werden.

16

Cooperative Story Writing

Ziel / Leitidee	Im Mittelpunkt dieser Stunde zum kreativen Schreiben steht das kooperative Verfassen einer Geschichte. Dabei werden die Schüler durch unterschiedliche Schreibimpulse angeregt.
Klassenstufe	7 / 8
Vorbereitung / Material	Folie oder Kopien der Aufgaben
Sozialform	Gruppenarbeit
Kompetenzbereich	Kreatives Schreiben

Hinführung

- Teilen Sie Gruppen zu je vier Schülern ein.
- Geben Sie jeder Gruppe eine Kopie der **Schreibimpulse** oder zeigen Sie diese anhand einer Folie.
- Lassen Sie jede Gruppe einen der Schreibimpulse wählen.
- Wenn sich die Schülergruppen für eine der Varianten entschieden haben, geben Sie ein (akustisches) Signal.

Tipp Wenn Ihnen die Auswahlmöglichkeit problematisch erscheint, können Sie auch *eine* Variante für alle Gruppen auswählen.

Hauptphase

- Der erste Schüler einer Gruppe beginnt die **Geschichte zu schreiben**.
- Nach etwa zwei Minuten sagen Sie laut und deutlich *„freeze!"*. Nun legt der schreibende Schüler den Stift aus der Hand und der Nächste in der Gruppe fährt mit der Geschichte fort.
- Wiederholen Sie diese Prozedur, bis jeder Schüler mindestens zweimal an der Reihe war.

Ergebnissicherung / Präsentation

- Die Schülergruppen präsentieren ihre Geschichten im **Plenum**.
- Alternativ können sich auch **jeweils zwei Gruppen** zusammensetzen und sich ihre Geschichten vorlesen. Anschließend rotieren die Gruppen [➜ Kugellager].

Choose one of the following story ideas.

1. Individually, write down your four **favourite words.** Choose the first person who begins a story using one or more of the 16 words.

2. Choose one of the **pictures** from your textbook. Choose the first person who begins a story that is related to the picture.

3. Choose one of the **story prompts.** Decide who the person is that begins the story.

> I was reading a book when I looked up. There in the window I saw …
> Sometimes I think my friend has strange powers. Every time he's around …
> One night, I looked out the window and I saw the neighbour …

4. Choose one of the **story grids.** Decide who the person is that starts the story using one or more of the words.

Story Grid 1

umbrella	storm	playground	hungry
policeman	gold	walk	mountain
suddenly	crazy	jump	hot
seventy	ghost	sweet	smell

Story Grid 2

night	winter	king	cafeteria
boyfriend	read	dream	scary
ball	park	swim	plastic bag
find	train station	pepper	friendly

Missing Stories

Ziel / Leitidee	In dieser Stunde schreiben die Schüler Geschichten. Dabei erhalten Sie Anfang und Ende einer Geschichte und ergänzen den Hauptteil mit eigenen Ideen. Die Vorgaben regen auch diejenigen Schüler zum kreativen Schreiben an, denen das Entwickeln eines eigenen Ansatzes eher schwerfällt.
Klassenstufe	7/8
Sprachliche Mittel	Wortschatz und Strukturen zur Schilderung von Erlebnissen
Vorbereitung / Material	Folie oder Handout, gegebenenfalls Wörterbücher
Sozialform	Einzelarbeit, gegebenenfalls Gruppenarbeit
Kompetenzbereich	Kreatives Schreiben

Hinführung

- **Präsentieren** Sie den Schülern die Textteile auf Folie oder in Form von Kopien.
- Lassen Sie im Plenum die verschiedenen **Anfänge** (story 1, story 2 usw.) vorlesen und fordern Sie die Schüler auf, diesen die jeweils passenden Schluss-Sätze zuzuordnen.

Hauptphase

- Die Schüler wählen jeweils eine Geschichte aus und verfassen den **Hauptteil** mit eigenen Ideen.

> **Tipp** Weisen Sie darauf hin, dass der Hauptteil zu Anfang und Ende der Geschichte passen sollte.

- Fordern Sie die Schüler auf, einen geeigneten **Titel** für ihre Geschichte zu finden.
- Stellen Sie bei Bedarf **Wörterbücher** zur Verfügung.
- Geben Sie den Schülern die Möglichkeit, ihre Geschichten mit einem Partner **auszutauschen** sowie sich gegenseitig zu beraten und zu korrigieren [→ Think-Pair-Share].

Ergebnissicherung

- Einzelne Schüler tragen ihre Geschichten im **Plenum** vor.
- Anschließend wählt die gesamte Klasse die **beste Geschichte** aus. Es kann auch die jeweils beste Geschichte pro vorgegebenem Anfangs- und Schlussteil gewählt werden [→ S. 127].

Alternativen

- Je nach Klassenstärke, Leistungsstand oder Thema können Sie eine beliebige **Anzahl** an möglichen stories auswählen.

- Die Geschichten können auch als **Gruppenarbeit** verfasst werden; dann wird jeder Gruppe eine andere Geschichte zugeteilt.

Missing Stories

Story 1: I ran to school, like every morning. I hate being late. And there it was. I almost fell over it. I picked it up and opened it …

Story 2: I felt strange. Why was everybody looking at me? At break I went to the toilet and looked in the mirror. I couldn't believe my eyes!

Story 3: When I walked in at lunch time I could smell something really nice. It made me hungry. I went and joined the queue. But suddenly …

Story 4: I saw the man putting the great pink box behind the bush. Then he ran away. I was a little bit frightened but I really wanted to know. So I …

Story 5: Sam lived next to us. I didn't really like him at first – we never talked or played together. He was so …

Story 6: Every night I heard that sound. It woke me up. I couldn't see anything. I was frightened. So one night I decided to …

The Endings

A) And that's why I always take packed lunches now.

B) It's hard to believe that something so small could make such a sound!

C) And that's why I now think twice befor I keep something I find …

D) And at the end of that day we were best friends.

E) The one thing I've learned from this is that I will never open strange boxes again!

F) Believe me – this day made me the coolest kid in class!

Lösung
Zuordnung der Anfänge und Schlüsse: 1C, 2F, 3A, 4E, 5D, 6B.

© Cornelsen Verlag Scriptor, Berlin • 45 Vertretungsstunden Englisch

18 Miming Messages

Ziel / Leitidee	Im Mittelpunkt dieser Unterrichtsstunde stehen das Üben und Festigen von Modalverben. Die Schüler stellen Schulregeln pantomimisch dar und erraten sie. Anschließend können sie Schulregeln für eine „ideale" Schule formulieren.
Klassenstufe	7 / 8
Sprachliche Mittel	Übung und Festigung von Modalverben
Vorbereitung / Material	Kopien der Arbeitsblätter
Sozialform	Partnerarbeit, eventuell Gruppenarbeit
Kompetenzbereich	Schreiben

Hinführung

- Vor Beginn der Aktivität sollten Sie die folgenden **Modalverben** eventuell noch einmal wiederholen:

> You must ... / mustn't ...
> You are (not) allowed to ...
> You can ... / should ...

Hauptphase

- Teilen Sie die Klasse nun in **Paare** ein. Partner A und Partner B erhalten jeweils ihr **Arbeitsblatt**. Partner A beginnt nun, die vorgegebenen Schulregeln **pantomimisch** darzustellen. Partner B versucht das Gezeigte zu **erraten** und macht sich dazu Notizen.
- Anschließend werden die Rollen **getauscht**.

Ergebnissicherung

- Jedes Schülerpaar **vergleicht** anhand der Arbeitsblätter selbstständig seine Ergebnisse.

Mögliche Anschlussaktivität

- Die Schülerpaare werden aufgefordert, den Regelkatalog einer für sie „idealen" Schule aufzustellen.

Tipp Um die Kooperation unter den Schülern zu fördern, kann diese Übung auch als Gruppenarbeit in Form eines → Platzdeckchens durchgeführt werden.

- Anschließend präsentieren die Paare beziehungsweise Gruppen ihren Regelkatalog im **Plenum**.

Student A
You start. Pantomime the following sentences to your partner. Do not speak! Body language only.

1. Students are not allowed to wear trainers.
2. Students mustn't write text messages in class.
3. Students have to wear a school uniform.
4. Students have to sit straight.
5. Students are not allowed to run in school corridors.
6. Students mustn't drink alcohol at school.
7. Students have to put their bags on the floor.

Take turns. Now watch Student B carefully and write down his / her messages.

Student B
Watch Partner A carefully and write down his / her messages.

Take turns. Pantomime the following sentences to Partner A. Do not speak! Body language only.

1. Students mustn't sing during lessons.
2. Students have to switch off their mobile phones.
3. Students are not allowed to smoke.
4. Students can drink water in class.
5. Students have to listen to the teacher.
6. Students have to use a ruler to underline words.
7. Students are not allowed to wear baseball caps.

Brainteasers – Running Dictation

Ziel / Leitidee	Im Mittelpunkt der Stunde stehen humorvolle Knobelaufgaben, die die Schüler zunächst allein und später in Form eines Laufdiktats mit einem Partner zu lösen versuchen.
Klassenstufe	7 / 8
Sprachliche Mittel	Übung und Festigung von Modalverben
Vorbereitung / Material	drei bis vier Kopien der Rätsel
Sozialform	Partnerarbeit
Kompetenzbereich	Lesen, Schreiben

Hinführung

- Stellen Sie den Schülern zu Beginn der Stunde in mündlicher Form kurze und einfache **Rätsel**.

> *What goes around the world but stays in a corner? (a stamp)*
> *What gets wetter and wetter the more it dries? (a towel)*
> *I can run but not walk. What am I? (the nose)*
> *What is full of holes but still holds water? (a sponge)*
> *Johnny's mother had four children. The first was April, the second was May, and the third was June. What was the name of her fourth child? (Johnny)*
> *You are driving a bus. Four people get on, three people get off, then eight people get on and ten people get off, then six people get on and two more people get off. What colour were the bus driver's eyes? (Whatever colour your eyes are. You are the bus driver.)*

Hauptphase

- Hängen Sie die **Kopien** von Rätsel 1 und 2 an unterschiedlichen Stellen im Klassenraum aus. Das **Partnerdiktat** kann nun beginnen.
- Teilen Sie die Schüler in Paare ein. Partner A läuft zu Rätsel 1, prägt sich ein, zwei Sätze ein, geht zurück zu Partner B und diktiert sie ihm. Das wird fortgeführt, bis das Rätsel vollständig notiert wurde. Anschließend wird gewechselt: Partner B diktiert nun Rätsel 2 Satz für Satz und Partner A schreibt es auf.
- Haben die Paare ihre Rätsel vervollständigt, können sie gemeinsam über die **Lösung** nachdenken und diskutieren. Eine mögliche Lösung sollte **stichpunktartig** notiert werden.

Ergebnissicherung

Die **Kontrolle** der Ergebnisse kann in einer der folgenden Formen erfolgen:

- Die Schüler zeigen Ihnen die Lösung oder
- Sie hängen die Lösung zur Selbstkontrolle aus.

Vergleichen und besprechen Sie am Ende der Stunde gemeinsam mit allen Schülern die Lösung der Rätsel.

Riddle 1: The Farmer's Problem

Farmer John returns from the market, where he bought a goat, a cabbage and a wolf (what a crazy market!). On the way home, he must cross a river. He keeps a boat there because he likes to fish. But his boat is small and won't fit more than one of his purchases. He cannot leave the goat alone with the cabbage (because the goat would eat it), nor can he leave the goat alone with the wolf (because the goat would be eaten). How can farmer John get everything to the other side?

Riddle 2: The Barbershop Puzzle

A traveller arrives in a small town and decides he wants to get a haircut. There are only two barbershops in town – one on East Street and one on West Street. The East Street barbershop is a mess, and the barber has the worst haircut the traveller has ever seen. The West Street barbershop is neat and clean, its barber's hair looks as good as a movie star's. Which barbershop does the traveler go to for his haircut, and why?

Lösungen

Riddle 1: *John takes the goat to the other side. He goes back, takes the cabbage, unloads it on the other side where he loads the goat, goes back and unloads it. He takes the wolf to the other side, where he unloads it. He goes back for the goat. That's it.*

Riddle 2: *The traveler goes to have his hair cut at the barbershop on East Street. Since there are only two barbershops in town, the East Street barber must have his hair cut by the West Street barber and vice versa. So if the traveller wants to look as good as the West Street barber (the one with the good haircut), he'd better go to the man who cuts the West Street barber's hair – the East Street barber. By the way, the reason the West Street barbershop is so clean and neat is that it seldom gets customers.*

© Cornelsen Verlag Scriptor, Berlin • 45 Vertretungsstunden Englisch

Two Fables in One

Ziel / Leitidee	Die Schüler lesen und verstehen zwei kurze Fabeln, die zwar chronologisch erzählt sind, aber miteinander verwoben wurden.
Klassenstufe	7 / 8
Vorbereitung / Material	Kopien des Arbeitsblatts
Sozialform	Einzelarbeit
Kompetenzbereich	Leseverstehen, Schreiben

Hinführung

- Je nach Vorwissen der Schüler werden die **Wesensmerkmale** einer Fabel zunächst mit den Schülern wiederholt oder besprochen.

> *A fable is a short tale to teach a lesson, often with animals that talk and act like humans. A character usually represents a single human characteristic, such as a fox being symbolic of a trickster.*

- Schreiben Sie anschließend die **Titel** der beiden Fabeln an die Tafel: *The Dog and the Shadow* und *The Fox and the Crow*. Erteilen Sie den **Arbeitsauftrag**:

> *The two fables got mixed up. Try to identify the fables by highlighting paragraphs. If necessary, compare with your partner. Copy both fables. Choose the correct title.*

Hauptphase

- Die Schüler **markieren** die Fabelabschnitte mit zwei unterschiedlichen Farben und schreiben beide Fabeln getrennt voneinander auf.
- Bei Bedarf können sie die Ergebnisse mit ihrem Sitznachbarn **vergleichen** und korrigieren [→ *Think-Pair-Share*].

Ergebnissicherung

- Beide Fabeln werden im **Plenum** vorgelesen.

Mögliche Anschlussaktivitäten

Die Schüler können die **Moral** der Fabeln notieren und besprechen oder eine der folgenden **Aufgabenstellungen** bearbeiten.

- *Choose one of the fables. Create a play and act it out.*
- *Retell one of the fables in a book of your own creation with illustrations.*
- *Create a crossword puzzle of the fable words.*
- *Create your own fable with animals of your choice. Don't forget the lesson or moral.*
- *Make up your own set of (comprehension) questions for one of the fables.*

It happened that a Dog had got a piece of meat and was carrying it home in his mouth to eat it in peace. A Fox once saw a Crow fly off with a piece of cheese in its beak and settle on a branch of a tree. Now on his way home he had to cross a plank lying across a running brook. As he crossed, he looked down and saw his own shadow reflected in the water beneath. 'Good day, Mistress Crow,' he cried. 'How well you are looking today: how beautiful your feathers, how bright your eyes. I feel sure your voice must be better than all the other birds' voices. Thinking it was another dog with another piece of meat, he made up his mind to have that also. Let me hear you sing a song, and I will always call you the Queen of Birds.' The Crow lifted her head and began to sing as best she could. But the moment she opened her mouth, the piece of cheese fell to the ground, and the Fox snapped it up. So he made a snap at the shadow in the water, but as he opened his mouth, the piece of meat fell out, dropped into the water, and was never seen again. 'That will do,' he said. 'That was all I wanted. In exchange for your cheese, I will give you a piece of advice for the future: Don't trust …!'

Lösungen

The Dog and the Shadow

It happened that a Dog had got a piece of meat and was carrying it home in his mouth to eat it in peace. Now on his way home he had to cross a plank lying across a running brook. As he crossed, he looked down and saw his own shadow reflected in the water beneath. Thinking it was another dog with another piece of meat, he made up his mind to have that also. So he made a snap at the shadow in the water, but as he opened his mouth, the piece of meat fell out, dropped into the water, and was never seen again.

The Fox and the Crow

A Fox once saw a Crow fly off with a piece of cheese in its beak and settle on a branch of a tree. 'Good day, Mistress Crow,' he cried. 'How well you are looking today: how beautiful your feathers, how bright your eyes. I feel sure your voice must be better than all the other birds' voices. Let me hear you sing a song, and I will always call you the Queen of Birds.' The Crow lifted up her head and began to sing as best as she could. But the moment she opened her mouth the piece of cheese fell to the ground, and the Fox snapped it up. 'That will do,' said he. 'That was all I wanted. In exchange for your cheese, I will give you a piece of advice for the future: Don't trust …!'

What's My Whatzit?

Ziel / Leitidee	In dieser Stunde verfassen die Schüler kurze Texte über ihr *whatzit*, einen Gegenstand, der in ihrem persönlichen Alltag von Bedeutung ist. Sie tragen sich die Texte gegenseitig vor und versuchen, das *whatzit* ihres Partners zu erraten.
Klassenstufe	7 / 8
Sprachliche Mittel	Wortschatz zu *everyday objects, daily routine*
Vorbereitung / Material	Tafelanschrieb (*What's my whatzit?*)
Sozialform	Einzelarbeit, gesamte Klasse
Kompetenzbereich	Schreiben, Hören, lautes Lesen

Hinführung

- Verweisen Sie auf den Tafelanschrieb und erteilen Sie einen **Hörauftrag**, z. B.:

> *Everybody has got a whatzit. Find out what my whatzit is.*

- Tragen Sie den **Beispieltext** vor und lassen Sie die Schüler spekulieren, worum es sich bei Ihrem *whatzit* handeln könnte.

Hauptphase

- Die Schüler erhalten nun ca. zehn Minuten Zeit, um einen kurzen **Text** zu ihrem persönlichen *whatzit* zu verfassen.
- Mögliche Fragen, die als **Hilfestellung** dienen können:

> *When / Where / How do you use it?*
> *How do other people use it?*
> *Why do you need it?*
> *Why is it so important to you?*
> *What does it look like?*

- Anschließend legen die Schüler eine **Liste** an, welche die Spalten *"name"* und *"what's the whatzit?"* enthält.
- Lassen Sie die Schüler einen **doppelten Sitzkreis** bilden.
- Die Schüler tragen sich gegenseitig ihre Texte vor, versuchen das *whatzit* ihres Partners zu **erraten** und tragen den Namen des Partners sowie die Bezeichnung seines *whatzits* in ihre Liste ein.

Tipp Weisen Sie die Schüler darauf hin, dass sie erst raten dürfen, wenn der Partner seinen Text vollständig vorgetragen hat.

- Auf ein Signal hin werden etwa alle zwei bis drei Minuten die Partner gewechselt, indem die Schüler im Außenkreis nach links (oder rechts) rutschen [→ Kugellager].

Ergebnissicherung
- Lassen Sie sich von den Schülern im **Plenum** ein Feedback über die Ergebnisse geben.

What was the most popular whatzit? Which/whose whatzit was the strangest one? Did anybody have the same whatzit as you? Which/whose whatzit was most difficult to guess?

Möglicher Beispieltext

I like my whatzits. Especially in the summer I need them everyday. They help me when I'm outside, and when I don't need them I always carry them in my handbag. In the summer, many people wear whatzits. Some people like small ones, other people prefer big ones in different colours. There are people who use them as part of their hairstyle – but that is not really the idea. Mine are not very stylish, but they look good on me and I'm always worried that I'll lose them somewhere. Without them I wouldn't be able to see much in the sunshine and it would be impossible to read on the beach.

Lösung
sunglasses

22 A Picture Rally

Ziel / Leitidee	In dieser Stunde üben die Schüler das Beschreiben von Bildern. Sie hören Bildbeschreibungen, identifizieren in einem Wettbewerb die entsprechenden Bilder und verfassen eigenständig analoge Bildbeschreibungen.
Klassenstufe	7 / 8
Sprachliche Mittel	Bildbeschreibung
Vorbereitung / Material	beliebiges Lehrbuch (Klassensatz)
Sozialform	gesamte Klasse, Einzelarbeit
Kompetenzbereich	Hören, Schreiben

Hinführung

- **Reaktivieren** Sie gegebenenfalls den relevanten Wortschatz, indem Sie einzelne Schüler nach ihrer Beschreibung an der Tafel ein Bild zeichnen lassen, z. B.:

  In the background of the picture, on the left hand side there is a mountain. In the top right hand corner you can see the sun. There are two people in the centre of the picture. One of them is a girl. She is wearing a long dress. Between the people there is a little dog. Behind them, you can see some trees …

- Halten Sie bei Bedarf entsprechende **sprachliche Hilfen** an der Tafel fest.

  in the background, in the top (bottom) right (left) hand corner, in the centre / foreground, between, behind, next to, above …

- Lassen Sie die Schüler ihre Lehrbücher bereithalten und erteilen Sie den **Arbeitsauftrag**:

  I'm going to describe a picture to you. You must keep your books shut while I'm talking. Listen carefully because there is one mistake in my description.

- Beschreiben Sie den Schülern nun ein aus dem Lehrbuch ausgewähltes Bild. Bauen Sie einen **inhaltlichen Fehler** in Ihre Beschreibung ein.

Tipp Achten Sie darauf, dass die Lehrbücher der Schüler geschlossen bleiben.

- Auf ein **Signal** hin öffnen die Schüler ihre Bücher und versuchen das Bild zu finden.

  Ready, steady, go: Find the picture now!

- Der Schüler, der zuerst die **richtige Seitenzahl** nennt, erhält einen Punkt, der an der Tafel vermerkt wird.
- Einen zusätzlichen Punkt erhält der Schüler, der als Erster den **inhaltlichen Fehler** erkennt und korrigiert.
- Wiederholen Sie die Aktivität bei Bedarf mit einem anderen Bild.

Hinweis Diese Aktivität funktioniert mit jedem beliebigen Lehrbuch, das eine Reihe von Bildern enthält. Wenn kein Englischlehrbuch zur Verfügung steht, bieten sich beispielsweise Geschichts- oder Erdkundebücher an. Wichtig ist nur, dass alle Schüler mit dem gleichen Lehrbuch arbeiten.

Hauptphase

- Geben Sie die Beschreibung nun an die Schüler weiter. Fordern Sie jeden Schüler auf, ein Bild auszuwählen, dieses **schriftlich zu beschreiben** und einen inhaltlichen Fehler einzubauen. Geben Sie hierfür ca. zehn bis fünfzehn Minuten Zeit.

Tipp Bitten Sie die Schüler, den inhaltlichen Fehler in ihrer Beschreibung zu markieren und sich die Seitenzahl zu notieren, um die spätere Auswertung zu erleichtern.

- Fordern Sie nun alle Schüler auf, ihre Bücher zu schließen.
- Einzelne Schüler tragen dann ihre Beschreibungen vor und geben am Ende das Signal zum Öffnen der Bücher.
- Die Mitschüler identifizieren wie zuvor schnellstmöglich das Bild und den inhaltlichen Fehler. Der vortragende Schüler kontrolliert die Antworten.
- Halten Sie die **Namen und Punkte** der Schüler an der Tafel fest. Am Ende gewinnt der Schüler mit den meisten Punkten.

Alibis

Ziel / Leitidee	In dieser sehr kommunikativen Stunde versuchen die Schüler die Alibis zweier Mitschüler durch geschickte Befragung zu knacken.
Klassenstufe	7 / 8
Sprachliche Mittel	*Past tenses*
Vorbereitung / Material	keine Vorbereitung nötig
Sozialform	gesamte Klasse
Kompetenzbereich	Sprechen, Schreiben

Hinführung

• Zunächst erzählen Sie der Klasse, dass gestern ein Verbrechen stattgefunden hat. Schildern Sie das Verbrechen.

> *Yesterday evening someone broke into our school and a large amount of money was stolen. The police know that the crime was committed between 7 and 9 pm. There are two people who are suspected of the crime.*

• Fragen Sie nun, welche zwei Schüler freiwillig die **Verdächtigen** sein wollen. Diese zwei Schüler werden aus dem Klassenraum geschickt und gebeten, sich ein gemeinsames, lückenloses Alibi auszudenken und sich miteinander abzusprechen.
• Der Rest der Klasse bildet das **Ermittlungsteam**, dessen Aufgabe darin besteht, das Alibi der zwei Verdächtigen auf Unstimmigkeiten zu überprüfen.

Hauptphase

• Die Schüler erhalten nun etwa zehn Minuten Zeit, um sich geeignete **Fragen** (Ermittlungsteam) beziehungsweise gemeinsame **Aussagen** (Verdächtige) zum benötigten Alibi auszudenken.
• Sammeln Sie mit dem Ermittlungsteam geeignete **Fragen** an der Tafel. Z. B.:

> *Where were you at 7 o'clock?*
> *What were you doing?*
> *What were you and your partner wearing?*
> *Where did you go after that?*

Ergebnissicherung / Präsentation

- Die Verdächtigen werden nun nacheinander hereingebeten und befragt. Die Fragen können dabei von unterschiedlichen „Ermittlern" gestellt werden. Während des **Verhörs** notieren die Ermittler die Antworten. Am Ende des Verhörs stimmen sie über die Frage 'Guilty or not guilty?' ab. Als Bedingung kann festgelegt werden, dass die Ermittler ihre Entscheidung **begründen** müssen.

Mögliche Anschlussaktivitäten

Diese Aktivität kann problemlos mit einem anderen Verbrechen beziehungsweise anderen Verdächtigen fortgesetzt werden.

24 The Sandwich Bar

Ziel / Leitidee	Die Schüler gestalten die Speisekarte eines Restaurants, auf der alle Gänge aus Sandwichvariationen bestehen.
Klassenstufe	7 / 8
Sprachliche Mittel	Wortschatz zum Themenbereich *food and drinks*
Vorbereitung / Material	Papier, Stifte, Wörterbücher
Sozialform	Gruppenarbeit
Kompetenzbereich	Schreiben, Sprechen

Hinführung

- Teilen Sie die Klasse in **Gruppen** zu je drei bis vier Schülern ein.
- Beschreiben Sie die **Aufgabenstellung**.

> *Owning a restaurant has been your lifelong dream. Now it is about to come true! But, your restaurant has to be special to survive amongst the competition. Your idea – that will set your eatery apart – is to sell just sandwiches. Regardless of the course (from starters to desserts!), each dish will be in sandwich form. In groups, brainstorm ideas and create your very special sandwich menu!*

Tipp Wiederholen Sie bei Bedarf den üblichen Aufbau einer Speisekarte mit Bereichen wie *starters, main courses, desserts / specials*.

Hauptphase

- Die Gruppen erhalten zehn Minuten, um ihre **Ideen** zu sammeln und zu notieren.
- Im Anschluss sollten zwanzig Minuten zur **Gestaltung** der Speisekarte zur Verfügung stehen.

Ergebnissicherung / Präsentation

- Eine gemeinsame **Präsentation** der Speisekarten rundet die Stunde ab. Bitten Sie die Gruppen, ihre Tische aufzuräumen und ihre Speisekarte auszulegen. In Form eines → **Museumsgangs** wandern die Gruppen anschließend von Tisch zu Tisch und begutachten die Produkte der Mitschüler.

Sandwich Bar

Your Place to Eat. Good Food Fast!

Starters – Appetizers

1. 00

2. 00

3. 00

Main Meals

Choice of dips available for all meals: ....

4. 00

5. 00

6. 00

Desserts

7. 00

8. 00

All served with ....

Adress:

....

Numbers and Dates

Ziel / Leitidee	In dieser Stunde üben die Schüler die Aussprache von Daten und Zahlen, indem sie versuchen die individuelle Bedeutung eines vom Partner genannten Datums oder einer Zahl herauszufinden.
Klassenstufe	7 / 8
Sprachliche Mittel	Daten und Zahlen
Vorbereitung / Material	Folie, A4-Blätter, eventuell Tafelbild statt Folie
Sozialform	Partnerarbeit
Kompetenzbereich	Sprechen

Hinführung

- **Wiederholen** Sie bei Bedarf die verschiedenen Möglichkeiten, ein Datum zu formulieren.
- Lassen Sie die Schüler auf A4-Blättern eine **Tabelle** mit drei Zeilen und drei Spalten anlegen. Je nach Leistungsniveau können Sie die Tabelle auch auf vier mal vier Zellen erweitern.
- Präsentieren Sie die Folie oder das vorbereitete Tafelbild. Bitten Sie die Schüler, sich neun (bzw. sechzehn) **Angaben auszuwählen** und die dazugehörige Zahl in jeweils ein Feld einzutragen.

Tipp Die Schüler sollten sich zur eigenen Erinnerung für die spätere Partnerarbeit Angaben zur Zahl beziehungsweise die jeweilige Aufgabennummer notieren.

- Beispiel

3) 6 / 12 / 2010	1) 15 / 10 / 1998	15) 56

- Weisen Sie die Schüler darauf hin, dass sie bei Datumsangaben das Jahr nicht vergessen sollten.

Hauptphase

- Lassen Sie die Schüler **Paare** bilden.
- Partner A nennt ein Datum oder eine Zahl aus seiner Tabelle, Partner B versucht zu **erraten**, worum es sich bei dieser Angabe handelt, z. B.:

I think this is your mother's birthday.

- Wenn Partner B die Angabe richtig errät, kreuzt Partner A das entsprechende Feld in seiner Tabelle durch.
- Die Partner wechseln sich ab.
- **Gewonnen** hat der Schüler, dem es zuerst gelingt, alle Angaben seines Partners zu erraten beziehungsweise richtig zuzuordnen.

Ergebnissicherung / Präsentation (optional)

- Lassen Sie im **Plenum** einzelne Schüler Daten oder Zahlen ihrer Wahl nennen und fordern Sie alle Mitschüler auf, die persönliche Bedeutung der Angabe analog zur Partnerarbeit zu erraten.

Mögliche Angaben (Folie / Tafelbild)

1. Your date of birth.
2. The date your mother was born.
3. Yesterday's date.
4. The date when your last holiday started.
5. The date when you last saw your grandparents.
6. The date when you last went shopping.
7. Your best friend's date of birth.
8. The date tomorrow.
9. The date you last missed school.
10. The date next Sunday.
11. The number of rooms you have in your flat / house.
12. The number of pets you have / had.
13. The number of years you've been learning English.
14. The age of your mother.
15. The age of your grandmother or grandfather.
16. Your height in cm.
17. Your weight in kg.
18. The amount of pocket money you get.
19. The number of books you read in the last year.
20. Your sister's / brother's date of birth.

Twenty Questions

Ziel / Leitidee	Das Ziel dieses Teamspiels ist es, die Identität einer Person mit maximal zwanzig Fragen herauszufinden.
Klassenstufe	7 / 8
Sprachliche Mittel	Fragebildung
Vorbereitung / Material	keine Vorbereitung nötig
Sozialform	gesamte Klasse
Kompetenzbereich	Sprechen

Hinführung

• Teilen Sie die Klasse in **zwei Teams** ein.
• Geben Sie vor, eine berühmte Persönlichkeit zu sein, deren **Identität** die Schülerteams erraten sollen. Jedes Team darf **zehn Fragen** stellen, wobei nach jeder Frage gewechselt wird.

Achtung Antworten Sie nur mit *"yes / no"* oder *"maybe"*. Weisen Sie die Schüler darauf hin, dass sie ihre Fragen entsprechend formulieren müssen.

• **Errät** ein Team Ihre Identität vor Ablauf der insgesamt zwanzig Fragen, erhält es einen Punkt.

> **Beispielfragen**
>
> *Are you a man?*
> *Are you a politician?*
> *Do you come from China?*
> *Do you work in Hollywood?*
> *Have you written a famous book?*

Hauptphase

• Jeder Schüler denkt sich nun selbst eine **berühmte Person** aus, die er verkörpern will.
• Stellen Sie einen **Stuhl** vor die Tafel und bitten Sie den ersten Schüler, darauf Platz zu nehmen.
• Die Mitschüler erfragen nun, welche Person der Schüler sich ausgedacht hat. Dabei

dürfen beide Teams wiederum abwechselnd **maximal zehn Fragen** stellen.

- Die Teams dürfen nach jeder Frage *einen* **Tipp** abgeben, sollten die Identität jedoch vor der zwanzigsten Frage erraten. Gelingt das keinem Team, verrät der Schüler die Lösung am Ende.
- Das Team, das die Identität des jeweiligen Schülers errät, bekommt einen **Punkt**.
- Halten Sie den Punktestand an der **Tafel** fest.

Alternativen

Die **Thematik** kann bei diesem Sprachspiel beliebig variiert werden, z. B.:

Think of a town / country and have your classmates guess.
Think of an animal …
Think of a free time activity …
Think of your favourite meal …

27 Being Nosy

Ziel / Leitidee	In dieser Stunde üben und festigen die Schüler das Formulieren einfacher Fragen.
Klassenstufe	7 / 8
Sprachliche Mittel	Fragen im *simple past*
Vorbereitung / Material	Folie oder Tafelanschrieb
Sozialform	gesamte Klasse, gegebenenfalls Partnerarbeit
Kompetenzbereich	Grammatik, Sprechen

Hinführung

- Formulieren Sie eine **Aussage** und notieren Sie diese gleichzeitig an der Tafel oder zeigen Sie sie auf einer Folie.

> *I found a mobile phone.*

- Fordern Sie die Schüler auf, mit **Fragen** mehr über den Sachverhalt herauszufinden.
- Sammeln Sie Fragen oder Fragewörter an der Tafel beziehungsweise auf der Folie.

> *Where … ?, When … ?, What kind of … ?, Did you … ?, Was it on … ?, Why didn't you … ?*

- Wiederholen Sie gegebenenfalls die **Grundregeln der Fragebildung** und notieren Sie diese an der Tafel beziehungsweise auf der Folie.

Hauptphase

- Zeigen Sie den Schülern sechs bis acht weitere Aussagesätze auf Folie oder schreiben Sie diese an die Tafel.

Tipp Gestalten Sie die Sätze möglichst offen, damit sie die Fantasie der Schüler anregen und zum Fragenstellen motivieren.

- Fordern Sie die Schüler auf, sich mindestens vier Aussagen auszuwählen und zu jeder so viele Hintergrundinformationen wie möglich **schriftlich zu erfragen**.
- Geben Sie den Schülern die Möglichkeit, sich in **Partnerarbeit** gegenseitig zu ergänzen und zu korrigieren (ca. fünf Minuten) [→ *Think-Pair-Share*].

Ergebnissicherung

- Bitten Sie einen Schüler nach vorn und lassen ihn der Klasse eine Aussage seiner Wahl vorlesen.

> *Let's see who's got ideas … / who can think quickly on his / her feet …*

- Fordern Sie alle Mitschüler auf, ihre vorformulierten **Fragen zu stellen**. Der Schüler vorn sollte versuchen, die Fragen möglichst schnell und überzeugend zu beantworten.
- Bei zu langen Pausen oder wenn der Schüler mit *'I don't know'* antwortet, kommt ein anderer Schüler nach vorn und wählt sich eine neue Aussage aus.

Mögliche Anschlussaktivitäten

- Wahlweise können am Ende der Stunde *„the quickest thinker", „the craziest / funniest answer", „the wittiest / most original speaker", „the best question"* usw. von der Klasse gewählt werden.
- Die Schüler entwerfen **eigene Aussagesätze**, die ohne Vorbereitung mündlich von den Mitschülern hinterfragt werden.

Alternativen

- Die Stunde beschränkt sich auf Aussagen im *simple past*. Möglich ist auch die Verwendung von Aussagen in **anderen Zeitformen**, was den Schwierigkeitsgrad der Aufgabe erheblich erhöht.

Mögliche Aussagen (Folie oder Tafelanschrieb)

I gave 20 € to a man on the street.
I screamed when I went through the door.
I found a mobile phone.
I met a star this morning.
I tried out a magic face cream.
I bought this amazing present.
I took my dog back to the shop.
I gave a TV interview on the street.
I had an accident.

Who is Afraid of Touching Spiders?

Ziel / Leitidee	In dieser Stunde befragen sich die Schüler gegenseitig zu bestimmten Vorlieben, Neigungen und Ängsten. Durch die häufige Wiederholung festigen die Schüler Wortschatz und Strukturen; zugleich erfahren sie mehr über ihre Mitschüler.
Klassenstufe	7 / 8
Sprachliche Mittel	*Adjectives followed by prepositions and gerund*
Vorbereitung / Material	Kopien des Arbeitsblatts, eventuell Tafelanschrieb
Sozialform	gesamte Klasse
Kompetenzbereich	Sprechen, Grammatik

Hinführung

- Teilen Sie die **Arbeitsblätter** aus.
- Klären Sie, wenn nötig, unbekannten **Wortschatz** und lassen Sie die Schüler zu einem Beispiel auf dem Arbeitsblatt die entsprechende Frage bilden.
- Weisen Sie die Schüler darauf hin, dass bei einigen Aussagen Mitschüler gefunden werden müssen, die die gestellte Frage **verneinen**.

Hauptphase

- In Form eines →Klassenspaziergangs gehen die Schüler nun umher und **befragen** sich gegenseitig, bis sie für jede Aussage eine passende Person gefunden haben.

Tipp Um die Schüler zu motivieren, mit möglichst vielen Mitschülern zu sprechen, darf jeder Name nur einmal (je nach Gruppengröße auch zweimal) auf dem Arbeitsblatt eingetragen werden.

Ergebnissicherung

Je nach Zeit sind zwei Varianten möglich.

Variante 1

- Befragen Sie die Klasse im **Plenum**.

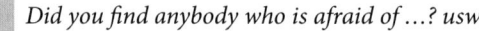 *Did you find anybody who is afraid of …? usw.*

Variante 2

- Geben Sie den Schülern Zeit, die Ergebnisse ihrer Befragung (schriftlich) zu **bearbeiten**, umzuformulieren und Beispiele auszuwählen.
- Geben Sie als **Hilfestellung** dazu an der Tafel Satzanfänge vor.

> *I was surprised that …*   *I couldn't believe that …*   *It's interesting that …*
> *I didn't know that …*   *I'm not surprised that …*   *It's shocking that …*
> *The funniest / strangest thing I found out is that …*

- Lassen Sie anschließend einzelne Schüler eine **Auswahl** ihrer Ergebnisse präsentieren.

What are you afraid of?

Go around the classroom and try to find a person for each sentence by asking the right questions. Fill in the names. Ask like this: 'Are you interested in …?'

_____ is frightened of being alone in the dark.
_____ is worried about writing a test.
_____ is proud of getting good marks.
_____ isn't afraid of touching snakes.
_____ is scared of touching spiders.
_____ isn't interested in watching casting shows.
_____ is famous for being cheeky to teachers.
_____ isn't very good at telling lies.
_____ is terrible at singing.
_____ is crazy about eating jelly bears.
_____ is tired of learning for school sometimes.
_____ isn't looking forward to seeing his / her school report.
_____ is used to eating with chopsticks.
_____ isn't scared of meeting ghosts.
_____ is frightened of walking through a graveyard at night.
_____ isn't interested in working with computers.

The Hot Seat

Ziel / Leitidee	In dieser Stunde umschreiben und erraten die Schüler vorgegebene landeskundliche Begriffe in Form eines Wettbewerbes, der dem bekannten Spiel „Tabu" ähnelt.
Klassenstufe	7 / 8
Sprachliche Mittel	Wortschatz und Strukturen zum Paraphrasieren und Beschreiben
Vorbereitung / Material	ein Satz Begriffskarten
Sozialform	gesamte Klasse
Kompetenzbereich	Sprechen

Hinführung

- Demonstrieren Sie die Spielregeln zunächst an einem **Beispiel**: Schreiben Sie einen **Begriff** und drei **„Tabuwörter"** an die Tafel. Fordern Sie die Schüler auf, den Begriff zu beschreiben, ohne Wortteile davon oder die „Tabuwörter" zu benutzen.
- Teilen Sie die Klasse anschließend in **zwei Gruppen** ein.

Hauptphase

- Platzieren Sie einen **Stuhl** als *hot seat* mit dem Rücken zur Tafel.
- Ein Schüler der Gruppe A nimmt darauf Platz.
- Lassen Sie einen Schüler der Gruppe B eine **Begriffskarte** ziehen und den Begriff mit den dazugehörigen „Tabuwörtern" an die **Tafel** schreiben.

Wichtig Achten Sie darauf, dass der Schüler auf dem Stuhl die Tafel nicht sehen kann.

- Auf ein Signal (*go!*) hin **umschreiben** die Schüler der Gruppe A ihrem *hot-seat*-Kandidaten den vorgegebenen Begriff, bis der diesen errät.
- Um einen übersichtlichen Ablauf zu gewährleisten, kann der *hot-seat*-Kandidat einzelne (sich meldende) Gruppenmitglieder nacheinander zum Erklären auffordern.
- Geben Sie ein **Zeitlimit** von maximal zwei Minuten pro Begriff.
- Fordern Sie die Schüler der Gruppe B auf, darauf zu achten, dass das Zeitlimit eingehalten wird und die „Tabuwörter" nicht benutzt werden.
- Für jeden erratenen Begriff erhält die jeweilige Gruppe einen **Punkt**, der an der Tafel festgehalten wird.
- Die Gruppen schicken **abwechselnd** einen Kandidaten auf den *hot seat*.
- Gewinner ist am Ende der Stunde die Gruppe mit den meisten Punkten.

Tipp Wird der Begriff innerhalb der vorgegebenen Zeit nicht erraten oder werden bei der Umschreibung „Tabuwörter" benutzt, kann der Punkt an die gegnerische Mannschaft vergeben werden.

Mögliche Anschlussaktivität

- Für einen zweiten Durchgang können neue Begriffe mit „Tabuwörtern" von den Gruppen **erarbeitet** werden.

Alternativen

- Zur Verstärkung des Wettbewerbscharakters können beide Gruppen **gleichzeitig** einen Kandidaten in zwei *hot seats* schicken.
- Beide Gruppen versuchen ihrem *hot-seat*-Kandidaten den gleichen Begriff zu umschreiben. Den Punkt erhält die Gruppe, deren Kandidat den Begriff **zuerst** errät.

Beispiele für Begriffskarten

Thanksgiving	*the Empire State Building*	*the White House*	*the Queen*
holiday *November* *turkey*	*skyscraper* *New York* *high*	*Washington* *president* *office*	*England* *crown* *Elizabeth II*
Los Angeles	*the Everglades*	*the Stars 'n' Stripes*	*Scotland*
West Coast *Hollywood* *city*	*national park* *Florida* *crocodiles*	*flag* *red* *fifty*	*north* *part* *Nessie*
Dollar	*Manhattan*	*California*	*Big Ben*
money *American* *pay*	*New York* *sights* *borough*	*state* *West Coast* *sunny*	*clock* *bell* *London*
the Thames	*the Statue of Liberty*	*the tube*	*Alaska*
river *London* *water*	*New York* *freedom* *see*	*underground* *London* *transport*	*state* *USA* *cold*

© Cornelsen Verlag Scriptor, Berlin · 45 Vertretungsstunden Englisch

30 | Eating Out Fast

Ziel / Leitidee	In dieser Stunde gestalten die Schüler Kurzdialoge beziehungsweise Rollenspiele zum Thema Fastfood-Restaurant.
Klassenstufe	7 / 8
Sprachliche Mittel	Wortschatz zum Thema *ordering food*
Vorbereitung / Material	Redewendungen auf A4-Blättern, farbige Kreide (zwei Farben), Folie oder Kopien der Speisekarte, eventuell auch als A3-Kopie, Rollenkarten, Magnete o. Ä. zum Befestigen an der Tafel
Sozialform	Partnerarbeit
Kompetenzbereich	Sprechen

Hinführung

- Das Thema kann mit einem kurzen **Unterrichtsgespräch im Plenum** eingeleitet werden.

> *Do you like fast food? Why / why not? Have you ever been to a fast food restaurant? Why do you think fast food restaurants are still so popular?*

- Präsentieren Sie die **Redewendungen** auf einzelnen A4-Zetteln und lassen Sie die Schüler diese an der Tafel den Sprechrollen *assistant* oder *customer* zuordnen.

Tipp Alternativ können Sie auch ein vorbereitetes Tafelbild verwenden, bei dem die Wendungen unsortiert an der Tafel stehen. Lassen Sie diese von den Schülern nacheinander vorlesen und der jeweiligen Sprechrolle (*assistant / customer*) durch Markierung mit verschiedenfarbiger Kreide zuordnen.

- Besprechen Sie gegebenenfalls unbekannte **Vokabeln**.

Hauptphase

- Präsentieren Sie die **Speisekarte** auf Folie und besprechen Sie diese bei Bedarf.
- Die Schüler bilden nun Paare und erhalten ihre **Rollenkarten**. Geben Sie den Schülern ca. fünf bis zehn Minuten Vorbereitungszeit.
- Da vier verschiedene ***customer*-Rollen** zur Verfügung stehen, können die Schüler
  a) eine *customer*-Rolle auswählen,
  b) alle *customer*-Rollen in beliebiger Reihenfolge ausprobieren oder
  c) nach jedem durchgespielten Dialog die Rolle *customer / assistant* tauschen und eine andere *customer*-Rolle wählen.

Ergebnissicherung / Präsentation
- Einzelne Schülerpaare spielen nacheinander jeweils einen **Dialog** vor.
- Möglicher **Hörauftrag** für die Mischüler:

> *Which customer role did they choose? What did they order? How much did they pay? Did they stick to the role descriptions?*

Mögliche Anschlussaktivitäten
- **Diskutieren** Sie das Thema Fastfood im Plenum: *'How often do you eat fast food? Is fast food healthy?'*
- *Create a healthy fast food menu*: Lassen Sie die Schüler eine eigene, gesunde Fastfood-Speisekarte **entwerfen** und präsentieren.

Alternative zur Präsentation
- Vor der Tafel wird eine Art Schalter aufgebaut und die Speisekarte wird als A3-Kopie an die Tafel geheftet.
- Mehrere Paare werden nun nach vorn gebeten, um ihre Dialoge **in enger Folge ohne Unterbrechung** vorzuspielen, sodass der realitätsnahe Eindruck eines Fastfood-Restaurants entsteht.
- Dabei kann dem Rest der Klasse der obige Hörauftrag erteilt und an der Tafel notiert werden.

Mögliches Tafelbild / Redewendungen

Who says what? Customer or Assistant?

Are you ready to order?	That's £4.89, please.
Would you like a drink with your meal?	I'll have an orange juice, please.
Would you like a regular or a large drink?	How much is that, please?
I'm afraid there is too much salt in my meal.	Enjoy your meal.
Can I have a veggie burger, please?	I'm sorry, but we don't accept credit cards.
Would you like your meal to eat in or to take out?	I'll take the regular portion, please.
If you don't mind waiting, I'll go and ask the manager (the chef).	Is it possible to have some extra cheese with that?

Rollenkarten

The Customer
A: You are very hungry but you only have £4.00. Order a full meal and try to stay under your price limit.
B: Your meal wasn't hot enough and very salty. Go and complain about that. Try to get your money back or find some other compromise.
C: You order for two people. You are a vegetarian and your friend would like something sweet. You don't want any drinks.
D: You order a meal, a dessert and a regular drink. You'd prefer to eat something really healthy. You'd like to pay by credit card.

The Assistant
You have to serve your costumers very quickly because the restaurant is full.
Your boss wants you to sell drinks with every meal and you should try to sell large portions whenever possible.
If somebody complains, be polite, but never give the money back. Offer food instead, but only if you have to.
You mustn't accept credit cards.

Die Speisekarte

Ben's Big Burger Bar   OUR MENU

Burgers		Fries		Healthy Options	
Hamburger	£0.99	Regular	£0.99	Mixed Salad	£3.00
Cheeseburger	£1.40	Large	£1.50	Tuna Wrap	£1.99
Double Burger	£1.60	X-large	£2.00	Chicken Wrap	£2.50
Chicken Burger	£1.80			Cheese Wrap	£2.00
Fish Burger	£1.90			Vegetarian Sushi	£4.00
Veggie Burger	£2.10				
Ben's Chili Special	£2.50				

Desserts		Drinks	
Apple Pie	£1.50	Cola / Orange Fizz / Lemonade	
Ice Cream (Vanilla,		Regular	£0.99
Chocolate, Cherry)		Large	£1.50
Regular	£1.99	Orange Juice*	£1.70
Large	£2.70	Mineral Water*	£1.30
Fresh Fruit Salad	£3.00	Tea / Coffee*	£1.30
		* Go large for an extra 50p.	

Lösung Tafelbild

Customer:
I'll have an orange juice, please.
How much is that, please?
I'm afraid there is too much salt in my meal.
Can I have a veggieburger, please?
I'll take the regular portion, please.
Is it possible to have some extra cheese with that?

Assistant:
Are you ready to order?
That's £4.89, please.
Would you like a drink with your meal?
Would you like a regular or a large drink?
Enjoy your meal.
I'm sorry but we don't accept credit cards.
Would you like your meal to eat in or to take out?
If you don't mind waiting, I'll go and ask the manager (the chef).

31   A Mini Saga

Ziel / Leitidee	In dieser Unterrichtsstunde verfassen die Schüler kurze narrative Texte. Motivierend ist dabei die Regel, dass die Länge dieser *mini saga* 50 Wörter nicht überschreiten darf.
Klassenstufe	9 / 10
Vorbereitung / Material	Folie oder Kopien des Beispieltextes
Sozialform	Einzelarbeit, Gruppenarbeit
Kompetenzbereich	Kreatives Schreiben

Info-Box

The first mini sagas appeared in 1982 in 'The Sunday Telegraph', an English newspaper. 'The Sunday Telegraph' announced the idea of the mini saga and held a competition for the best ones.

Hinführung

- Teilen Sie die Kopien mit dem **Beispieltext** aus oder präsentieren Sie diesen als Folie.
- Der Beispieltext wird zunächst entweder still in Einzelarbeit oder gemeinsam erlesen.
- Fragen Sie die Schüler, was ihnen an dieser Geschichte auffällt. Als ein Aspekt wird sicher die sehr kurze **Textlänge** benannt.
- Greifen Sie diesen Gedanken auf und bitten Sie die Schüler, die exakte Zahl der Wörter (ohne Überschrift) zu **schätzen**.
- Die Wörter können nun gemeinsam **gezählt** werden.
- Die Wortzahl „50" wird an der Tafel notiert.

Hauptphase

- Fordern Sie die Schüler auf, **eigene *mini sagas*** zu verfassen, die nicht mehr als 50 Wörter umfassen dürfen.
- Die Überschrift ist davon ausgeschlossen, sollte jedoch dennoch nicht mehr als 15 Wörter umfassen.

- Als Hilfestellung kann eine vorgegebene **Schrittfolge des Schreibprozesses** dienen. Notieren Sie diese gegebenenfalls an der **Tafel**:

> *1. Brainstorm ideas (title, plot).*
> *2. Write your first draft.*
> *3. Check number of words. Revise and correct.*
> *4. Write your final draft.*

Ergebnissicherung / Präsentation

- Teilen Sie die Schüler in **Kleingruppen** von ca. vier Schülern ein.
- Die Schüler tragen ihre Texte jeweils in der Gruppe vor, die gemeinsam den besten Text auswählt.
- Anschließend werden die Texte im **Plenum** vorgetragen. Die **beste Geschichte** wird von der Klasse ausgewählt und prämiert [➜ S. 127].
- Es kann z. B. *"the most exciting / funniest / scariest / ... story"* **gewählt werden.** Jeder Schüler darf für ein Kriterium maximal drei Punkte vergeben.

The Canal Path Murders
She could hear the sound of heavy footsteps as she hurried down the lonely canal path after dark. A man's hand grabbed roughly at her sleeve and she turned round, her legs weak with fear. He was holding a gun and stared stupidly at her.
'You dropped this,' he said.

Bin Detectives

Ziel / Leitidee	In dieser Stunde versuchen die Schüler, anhand von typischen Abfällen und weggeworfenen Gegenständen so viel wie möglich über die Bewohner eines Hauses oder einer Wohnung herauszufinden und deren Alltag zu beschreiben.
Klassenstufe	9 / 10
Sprachliche Mittel	Wortschatz zum Thema *family life*
Vorbereitung / Material	Folie oder Handout, A4-Blätter, Wörterbücher
Sozialform	Einzelarbeit
Kompetenzbereich	Kreatives Schreiben

Hinführung

- Zeigen Sie den Schülern die Folie und fordern Sie sie auf, **Vermutungen** zu den Eigentümern der Mülltonne zu äußern. Alternativ können Sie die Liste auch als Handout verteilen.
- Klären Sie gegebenenfalls unbekannte **Vokabeln** und stellen Sie helfende Fragen.

> *Who lives there?*
> *How many people live in this household?*
> *How old are they?*
> *Do they have any pets?*
> *What about hobbies?*
> *Can you guess their jobs?*
> *What about their favourite food?*

- Fordern Sie die Schüler auf, ihre Ideen und Vermutungen anhand der weggeworfenen Objekte zu **begründen**.

Hauptphase

- Teilen Sie A4-Blätter aus und bitten Sie die Schüler, den typischen Wocheninhalt einer Mülltonne für ihren eigenen Familienhaushalt zu **notieren**.

> **Tipp** Halten Sie die Schüler dazu an, ihre Listen anonym zu verfassen.

- Weisen Sie die Schüler darauf hin, dass sie leserlich schreiben sollen und bei Bedarf die Wörterbücher benutzen können.
- Sammeln Sie die Listen anschließend ein und teilen diese so wieder aus, dass kein Schüler seine eigene „Mülltonne" erhält.

- Nun stellen die Schüler schriftlich **Vermutungen** über die erhaltene „Mülltonne" an und versuchen, deren Besitzer und ihren Alltag zu beschreiben.
- Als Hilfestellung können Sie ein **Fragegerüst** an der Tafel notieren.

> *Who lives there? (How many ...?, Male or female?, What age ...?, Any pets?)*
> *What do they do (jobs, hobbies, plans)?*
> *What about their routines / eating habits (food, drink, habits)?*
> *Did anything else happen that week (special events, accidents)?*

Ergebnissicherung
- Einzelne Schüler tragen ihre Texte vor. Die Klasse oder der Vortragende versuchen, den „Mülltonnenbesitzer" zu **erraten**. Der wahre Mülltonnenbesitzer kann sich anschließend offenbaren und erklären, welche der geäußerten Vermutungen zutreffen.

The Millers' Bin

3 egg shells
3 empty cans of dog food
1 empty cigarette packet
2 empty jars of baby food
a broken pair of sunglasses
an empty bottle of red nail polish
an old maths test paper
an old computer magazine
a broken CD-ROM
a used ticket for a football match
chocolate wrappers
empty milk cartons
tea bags
gift wrapping paper
an empty tube of shaving cream
an empty pasta sauce jar

Great Ideas or Strange Inventions?

Ziel / Leitidee	Diese Stunde soll die Schüler dazu anregen, ihrer Fantasie freien Lauf zu lassen. In Gruppen erfinden sie nützliche, verrückte oder absurde Alltagshilfen und stellen diese ihren Mitschülern in kurzen beschreibenden und anpreisenden Texten vor.
Klassenstufe	9 / 10
Sprachliche Mittel	Wortschatz *describing und advertising*
Vorbereitung / Material	Bilderfolie (S. 88), A3- oder A2-Blätter, Wörterbücher
Sozialform	Partnerarbeit oder Gruppenarbeit
Kompetenzbereich	Kreatives Schreiben

Hinführung

- Präsentieren Sie die **Folie** mit den Bildern: *'I've got a product description / advert here. Which of these pictures is it about?'*
- Tragen Sie den **Beispieltext** vor und lassen Sie die Schüler das entsprechende Bild zuordnen.
- Anschließend **spekulieren** die Schüler, was auf den anderen Bildern zu sehen ist: Welche Funktion könnten die gezeigten Objekte haben? Welche Erfindung halten sie für mehr oder weniger sinnvoll oder witzig?

> *What do you think is shown in picture A? What's it used for? What can you do with it? Would you use it? Do you think it might work?*

Hauptphase

- Teilen Sie die Schüler in **Paare oder Kleingruppen** zu je ca. drei bis vier Schülern ein.
- Die Paare oder Gruppen **entwickeln** nun ihre eigenen *strange inventions* und stellen sie auf einem A3- oder A2- Blatt vor. Dabei sollen die Schüler einen eigenen „**Werbetext**" für ihr „Produkt" verfassen.
- Notieren Sie gegebenenfalls **Anregungen** an der Tafel oder auf der Folie, z. B.:

> *Find a good name for your invention.*
> *Give your invention an image. (Create a picture of your invention.)*
> *How does it work? What does it do?*
> *Who would need your invention? Why should people buy it?*
> *What's new / great / stylish / unique about it?*
> *Does it come in different designs, colours, with extras?*
> *Find a good slogan / a catch phrase for selling your invention.*

Ergebnissicherung

- Nach ca. 25 Minuten **präsentieren** die Teams ihre Erfindungen im Plenum.
- Die Mitschüler **bewerten** jeweils deren Sinn und Nutzen [→ S. 127].
- Für die Bewertung können Sie einen situativen Rahmen schaffen, z. B.:

> *Putting new inventions into productions is very risky and expensive. Let's imagine we
> are all investors and want to sponsor one of these young inventors. Which of these in-
> ventions is in your opinion the most promising one and could become a great success?
> Each of you has one vote only. Let's vote now.*

Alternativen

- Die Ergebnissicherung kann auch als → **Museumsgang** mit einer anschließenden
  Abstimmung im Plenum durchgeführt werden.

Beispieltext

> *Have you ever burnt your mouth with hot food? Ouch! But don't worry – it doesn't
> need to happen again. Our brand new 'Food Coolie' makes sure that any food that gets
> to your mouth has the right temperature.*
> *The small ventilator can be easily installed on chopsticks, forks or spoons. It fits into
> any handbag and is your perfect companion for an elegant meal in a restaurant. It
> cools your food while you are picking it up from the plate. No more tedious blowing at
> hot food.*
> *'Food Coolie' comes in five different colours and is the perfect gift for anybody who
> enjoys good food. Get it now and eat in style!*

A)

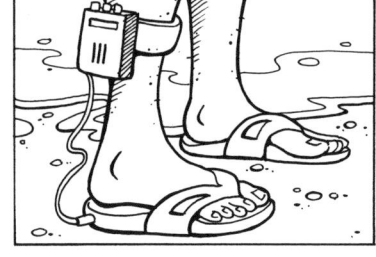

B)

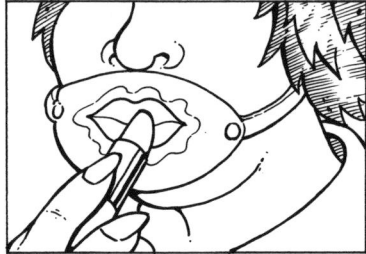

C)

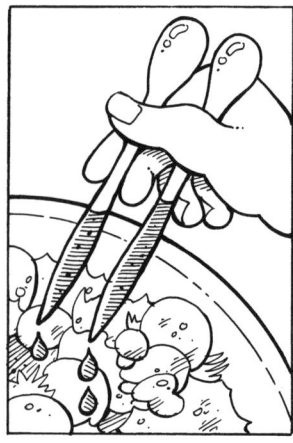

D)

E)

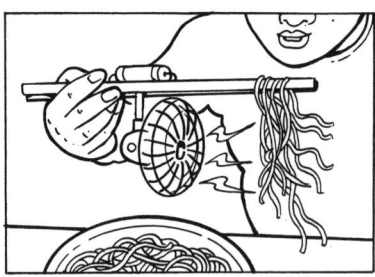

Lösung

A) The treasure hunting shoe with integrated metal detector
B) Perfect lips – the lipstick helper
C) Sauce dispensing chopsticks
D) Whole Body Umbrella
E) Food Coolie

A Letter to Agony Aunt

Ziel / Leitidee	In dieser Stunde erhalten die Schüler den Antwortbrief einer *Agony Aunt,* ziehen daraus Rückschlüsse auf den vorausgegangenen Brief und verfassen ihre Version des Ausgangsbriefs.
Klassenstufe	9 / 10
Sprachliche Mittel	Wortschatz und Strukturen zum Verfassen von Briefen / Einholen von Rat und Hilfe
Vorbereitung / Material	Folie oder Handout (S. 92), bei Bedarf Wörterbücher
Sozialform	Einzelarbeit, Gruppenarbeit
Kompetenzbereich	Schreiben, Lesen

Hinführung
- Klären Sie im Plenum den **Begriff** *Agony Aunt.*

   „Kummerkastentante", Ratgeberin, meist in Zeitungen oder Zeitschriften, die Leserbriefe in Bezug auf bestimmte, oft sehr persönliche Probleme beantwortet.

Zwischenaktivität (optional)
- **Diskutieren** Sie gegebenenfalls mit den Schülern das Thema *Agony Columns.*

   Where can you find these columns? Do you read them? What are typical topics? Would you write a letter asking 'Agony Aunt' for help?

Hauptphase
- Präsentieren Sie beide **Antworten** der *Agony Aunt* auf Folie oder Handout.
- **Lesen** Sie die Texte gemeinsam und lassen Sie die Schüler Vermutungen über Geschlecht und Alter der Adressaten äußern.
- Jeder Schüler wählt nun eine Antwort aus und verfasst einen möglichen **Ausgangsbrief**.
- Geben Sie hierfür etwa 15 bis 20 Minuten Zeit.
- Lassen Sie die Schüler nach Fertigstellung der Briefe **Arbeitsgruppen** zu je vier bis fünf Schülern bilden. Die Schüler lesen sich innerhalb der Gruppen gegenseitig ihre Briefe vor, ergänzen und korrigieren diese. Anschließend kann jede Gruppe ihren gelungensten Brief zur Präsentation auswählen.

Ergebnissicherung / Präsentation

- Jede Gruppe trägt ihren ausgewählten Brief vor.
- Anschließend können die **Originalbriefe** (siehe unten) verlesen werden und die Klasse kann abstimmen, welcher der zuvor präsentierten Briefe am ehesten mit dem Original übereinstimmt oder insgesamt am überzeugendsten wirkte [→ S. 127].

Dear Katie,

I think you should talk to your best friend first. Is she really over the boy and the relationship? You said in your letter how much you got to like this boy and that you had been good friends before. Are you sure it's more than friendship now and that he feels the same about you? Talk to your best friend about the situation. Tell her how you feel about him. Would she mind if you asked him out for a date? Remember, friendship is really important and you don't want to end up hurting your best friend's feelings or losing two friends.

Dear Ben,

It's never easy being the new kid in class. But you shouldn't give up. It's probably not that the others don't like you, or don't want you to join them in the break – they just don't know you well enough. You said you lived in a smaller place before and now you are a little lonely … My advice is – give it time. Do some team sports. You mentioned football … Why don't you join the school team or some other school clubs? And don't forget to be yourself. Don't lock yourself up in your room or run away. Talk to people, ask questions and get ideas of places to go to and things to do in your new neighbourhood.

Originalbriefe

Dear Agony Aunt,

I really don't know what to do. I'm in a terrible situation. My best friend Kelly was dating another good friend of mine. His name is Sean. They'd been together for three months. But their relationship didn't work, really ... They were arguing all the time. They broke up last week and since then I've been on the phone to Kelly a lot. But I've also been seeing my friend Sean – I mean, her ex-boyfriend. The problem is that I think I'm beginning to fall in love with him. What should I do? Kelly tells me all the time that she misses him but that he was the wrong guy for her. So maybe he is the right guy for me? I think about him quite a lot. On the other hand, Kelly is my best friend ... Please, tell me what I should do.

Thanks, Katie

Dear Agony Aunt,

I am really not enjoying my life at the moment. It's so boring. My mother and I moved to Manchester 2 months ago because of her job. And I hate it here. Nobody talks to me at school, at break I'm always alone and everybody gives me funny looks. I don't know why they don't like me. I haven't done anything! Then this city – it's so loud and ugly. There is no point in going out! So I just sit in my room all day. Back in our old place I knew everybody. It was smaller, I played football with my mates and there was always somebody to talk to! Here everybody tries to look cool, they all hang out together. So there is no place for me! I really can't stand it. Sometimes I think I'm going to run away ... I'm so unhappy ...

Ben

35 Survivor

Ziel / Leitidee	Im Mittelpunkt dieses Teamspiels steht das „Überleben" einer Gruppe. Dieses hängt im Wesentlichen davon ab, wie knifflig die Fragen sind, die man der gegnerischen Mannschaft stellt.
Klassenstufe	9 / 10
Sprachliche Mittel	Fragebildung
Vorbereitung / Material	gegebenenfalls Wörterbücher
Sozialform	gesamte Klasse
Kompetenzbereich	Schreiben, Sprechen

> **Info-Box**
>
> *Survivor is a popular television show in the United States. On the show, two teams of contestants compete over a period of several weeks, with a member from one of the teams being removed from competition each week. The final person in the competition is the ultimate winner.*

Hinführung

- Teilen Sie die Klasse in zwei **gleich große Gruppen** und erläutern Sie die **Spielregeln**.

> **Tipp** Idealerweise können die Gruppen in unterschiedlichen Bereichen des Klassenzimmers zusammensitzen und sich beraten.

Hauptphase

- Die Gruppen erhalten nun etwa **15 Minuten** Zeit, um sich genügend **Fragen** für die gegnerische Mannschaft auszudenken. Es sollte mindestens zehn Fragen mehr als Schüler pro Gruppe geben. Wenn eine Gruppe aus zehn Schülern besteht, sollten also mindestens zwanzig Fragen formuliert werden.
- Die Fragen können von einem Teilnehmer der Gruppe **notiert** werden.

> **Achtung** Jede Gruppe muss natürlich die Antworten auf ihre Fragen kennen!

- Folgende **Anregungen** könnten an der Tafel vorgegeben werden (es sind natürlich auch andere möglich):

> *How do you spell the word ...?*
> *Name at least ... animals / British towns / capital cities ...*
> *What's the capital of ...?*
> *Who is the president of ...?*
> *Where do ... (Aborigines) live?*
> *What does the abbreviation ... ('MP') stand for?*
> *Who invented / composed / wrote ...?*

- **Losen** Sie aus, welche Mannschaft beginnt.
- Bevor die erste Gruppe ihre erste Frage stellt, bestimmt sie, **welcher Schüler** der anderen Mannschaft antworten soll. Kann dieser die Frage nicht beantworten, scheidet er aus und setzt sich an die Seite.
- Die Gruppen wechseln sich mit Frage und Antwort ab. **Sieger** ist der Schüler, der zuletzt übrig bleibt.

Alternative
- Am Ende einer Lehrbuchlektion oder des Schuljahrs können die Quizfragen auch auf **inhaltliche und sprachliche Aspekte** des Unterrichts bezogen werden.

36 Discussion Time

Ziel/Leitidee	In dieser Stunde wenden die Schüler in spielerischer Form ausgewählte *discussion phrases* an. Zu unterschiedlichen Themen üben sie, eine Meinung begründet zu vertreten sowie ihre Zustimmung oder Ablehnung auszudrücken.
Klassenstufe	9/10
Sprachliche Mittel	Wortschatz und Strukturen zum Austausch und Begründen von Meinungen
Vorbereitung/Material	Folie mit *discussion phrases*, vorbereitete Kartensätze mit *discussion phrases* (ein Satz pro Schülerpaar), eventuell Briefumschläge, *possible discussion topics* als Tafelbild
Sozialform	Partnerarbeit
Kompetenzbereich	Sprechen

Hinführung

- Präsentieren und besprechen Sie die *discussion phrases* anhand der Folie.
- Lassen Sie die Schüler die einzelnen Wendungen entsprechenden **Sprechabsichten** zuordnen, z. B.:

stating an opinion	*asking for an opinion*	*agreeing*	*disagreeing*
being unsure	*asking for more information/explanation*		

- Bilden Sie Schülerpaare. Jedes Paar erhält einen Satz *discussion cards.*

Hauptphase

- Die Karten werden nun gemischt. Jeder Partner erhält pro Runde fünf Karten.

Tipp Die Anzahl der pro Runde ausgeteilten Karten kann je nach Leistungsniveau variiert werden.

- Nennen Sie jetzt das erste **Diskussionsthema.** Begrenzen Sie die Diskussionszeit auf maximal fünf Minuten.
- Auf ein Signal hin beginnen beide Partner über das Thema zu **diskutieren** und versuchen ihre Wendungen (*discussion phrases*) sinnvoll in das Gespräch einzubringen. Jede verwendete Phrase wird abgelegt. Sieger ist derjenige, der alle oder die meisten Wendungen verbraucht hat.
- Nach jeder Diskussionsrunde können Sie ein **neues Thema** vorgeben. Alternativ können Sie oder ein Schüler ein neues Thema ziehen oder die Schülerpaare selbstständig ein Thema vom Tafelbild auswählen.
- Anschließend werden die Karten wieder gemischt und ausgeteilt. Die Diskussion beginnt erneut.

Ergebnissicherung

Optional können Sie die Aktivität am Stundenende im **Plenum** auswerten und die Schüler berichten lassen: Bei welchen Themen gab es Übereinstimmungen mit dem Partner, wo traten die größten Meinungsunterschiede auf, wo gab es Meinungsänderungen?

Alternative

Zur **Auffrischung** der Diskussion können in Abständen die Partner gewechselt werden.

> **Tipp** Da die Karten mit den *discussion phrases* auch in anderen Aktivitäten, mit anderen Themen oder in neuen Konstellationen genutzt werden können, bietet es sich an, diese am Stundenende in **Briefumschläge** legen zu lassen und für spätere Stunden aufzubewahren (ein Kartensatz pro Umschlag).

Discussion Phrases

In my opinion …	I really believe that …
I'm not sure …	I agree with you …
What about you?	Don't you think that …?
I must say you're wrong, because …	I can see your point, but …
What exactly do you mean by …?	I think differently.
On the one hand … on the other hand …	From my point of view I'd say …
What do you think about …?	But, surely, you can't be serious!
I really can't agree with you on this …	I disagree.
I'm not sure I understood you correctly …	I don't think so, because …
Can you explain that to me, please?	What I'm trying to say is …

Possible Discussion Topics

- *Living in the country is healthier and more fun than living in the city.*
- *If you want to be successful in life, you have to look good.*
- *Uniforms make schools happier places.*
- *Beach holidays are for boring people.*
- *Eating meat is unhealthy and cruel to animals.*
- *Family and friends are more important than love.*
- *In this world, you can't survive without a car.*
- *Social networks (like Facebook) are necessary for making and keeping friends.*

From Survey to Chart

Ziel / Leitidee	Die Schüler erstellen eine eigene Statistik auf der Grundlage einer Meinungsumfrage.
Klassenstufe	9 / 10
Sprachliche Mittel	Redemittel zur Analyse und Interpretation von Statistiken
Vorbereitung / Material	A3-Blätter, farbige Stifte
Sozialform	Partnerarbeit
Kompetenzbereich	Sprechen

Hinführung

- Teilen Sie die Klasse in **Schülerpaare** ein, die jeweils zusammen an einer Fragestellung arbeiten sollen. Erteilen Sie den **Arbeitsauftrag**:

> *Think of one question you would like to ask your classmates. Write the question down and prepare a grid to collect the answers. Do your survey. Then, turn the information into a bar chart or pie chart. Present and comment on your findings.*

Tipp In lernschwächeren Klassen können die einzelnen Schülerpaare das Thema ihrer Meinungsumfrage auch aus einer vorgegebenen **Liste** auswählen oder per Los ziehen.

Beispiele für mögliche Fragestellungen

> *What do you do in your free time?*
> *What kinds of media do you use?*
> *How do you get to school?*
> *Where do you usually spend your holidays?*
> *What kinds of pets do you have?*
> *How much pocket money do you get?*
> *What do you spend your money on?*
> *Have you ever been bullied?*
> *What's your favourite subject?*

Hauptphase

- Im **Rotationsverfahren** [→ Klassenspaziergang] befragen sich die Schülerpaare nun gegenseitig und notieren die Ergebnisse.

- Anschließend werten sie die Umfrageergebnisse aus und wählen eine **Präsentationsform** (Balken- oder Kuchendiagramm), mit der sie diese visualisieren.

Ergebnissicherung / Präsentation
- Die Schülerpaare präsentieren und erläutern ihre Auswertungsergebnisse im Plenum oder in Form eines → **Museumsgangs**.

Mögliche Anschlussaktivität
- Die Schüler reflektieren die Umfrageergebnisse ihrer Mitschüler und notieren sich neue oder überraschende Erkenntnisse.
- Geeignete Satzanfänge:

  I didn't know that …, What surprises me most is the fact that …, I would never have thought that …

38 Home, Sweet Home

Ziel / Leitidee	In dieser Stunde tauschen sich die Schüler über ihren persönlichen Alltag aus. Anhand individuell angefertigter Grundrisse beschreiben sie einander ihren Wohnraum und sprechen über Alltagsaktivitäten, Tagesabläufe, Gefühle oder Vorlieben.
Klassenstufe	9 / 10
Sprachliche Mittel	Wortschatz zum Thema „How and where we live"
Vorbereitung / Material	A4-Blätter
Sozialform	Partnerarbeit, Gruppenarbeit
Kompetenzbereich	Sprechen

Einstieg (optional)

- Lassen Sie zur **Wortschatzreaktivierung** die Schüler in Partner- oder Gruppenarbeit eine →**Mindmap** zu den Themen Wohnen und Alltagsaktivitäten anfertigen. Je nach Jahrgang und Fokus können den einzelnen Räumen Möbelstücke, andere Gegenstände oder auch typische Aktivitäten zugeordnet werden.
- Tragen Sie die Ideen im **Plenum** zusammen und halten Sie sie an der Tafel fest.

Hinführung

- Fordern Sie die Schüler auf, einen groben **Grundriss** ihrer Wohnung oder ihres Hauses auf einem A4-Blatt anzufertigen. Weisen Sie darauf hin, dass es nur um räumliche Umrisse geht, und geben Sie ein Zeitlimit (drei bis fünf Minuten).
- Beschreiben Sie nun nacheinander unterschiedliche „Orte" und versehen diese jeweils mit einer **Nummer**. Lassen Sie die Schüler die Orte bzw. Objekte mit den Nummern auf ihren Grundrissen markieren und gegebenenfalls einzeichnen.

Beispiele

Number 1 is the place where you spend most of your time.
Number 2 is a place you really don't like.
Number 3 is the most chaotic (untidy) place in your home.
Number 4 is the place where you can relax best.
Number 5 is where people most often talk to each other in your home.
Number 6 is a place you would like to change.
Number 7 is the place you visit most frequently.
Number 8 is the place you go to first when you come back home.
Number 9 is your favourite (the newest, the oldest) piece of furniture.
Number 10 is the coldest place in your home.
Number 11 is the thing you most dislike in your room.

Hauptphase

- Teilen Sie die Schüler in **Zweier- oder Dreiergruppen** ein.
- Die Schüler tauschen nun in den Gruppen ihre Grundrisse aus. Dabei sollen sie gegenseitig herausfinden, was sich hinter den einzelnen Zahlen verbirgt, welche Orte, Dinge, Aktivitäten oder Gefühle für den „Zeichner" damit verbunden sind.
- Mögliche Hilfestellung:

> *Where / What is your 7? Which room is it in? What do you do there? Why do you go there often?*

Ergebnissicherung

- Werten Sie die Aktivität im **Plenum** aus.
- Bitten Sie einzelne Schüler zu berichten, welche **Details** ihnen aufgefallen sind, was überraschend, besonders interessant oder unerwartet war, welche Gemeinsamkeiten und Unterschiede sie zwischen sich selbst und ihren Partnern entdeckt haben.
- Mögliche Hilfestellung:

> *I wouldn't have thought …, It's surprising that …, It was interesting to hear / see that …, We found out that …, … and I (we both) …*

Alternative

- Die Gruppenaktivität kann auch als → **Kugellager / Doppelkreis** oder mit mehrfachem **Partnerwechsel** auf ein Signal hin durchgeführt werden.

Beispiel für eine Mindmap (Einstieg)

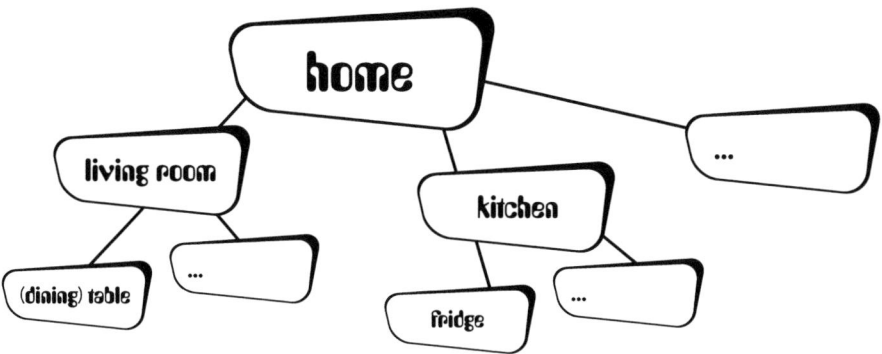

39 Speed Dating

Ziel / Leitidee	Das Ziel dieser sehr kommunikativen Aktivität besteht darin, dass die Schüler in wechselnden Partnerkonstellationen Ratschläge einholen und erteilen.
Klassenstufe	9 / 10
Sprachliche Mittel	*giving advice*
Vorbereitung / Material	Kopien der „Problemkarten"
Sozialform	Partnerarbeit
Kompetenzbereich	Sprechen

> **Info-Box**
>
> Das aus Amerika stammende *Speed Dating* hat zum Ziel, dass sich möglichst viele Menschen in kürzester Zeit (ca. sechs bis acht Minuten) austauschen und kennenlernen. Die Aktivität verläuft in Runden, in denen sich die Partnerkonstellationen auf ein Signal hin verändern.

Hinführung

- Teilen Sie die Klasse zunächst in **zwei Gruppen**: die Rat Suchenden und die Problemlöser.

Hauptphase

- Jeder Rat Suchende zieht nun eine „Problemkarte" und setzt sich zu einem Problemlöser. Auf ein Signal hin liest Partner A sein **Problem** vor. Partner B erteilt ihm daraufhin einen **Rat**. Hierfür haben beide etwa zwei bis drei Minuten Zeit.
- Schreiben Sie folgendes **Hilfsgerüst** an die Tafel, um schwächeren Schülern bei der Formulierung ihres Ratschlags zu helfen.

> *Why don't you …?*
> *If I were you, I'd …*
> *Try to …*
> *I think you should … / you shouldn't …*

- Die Rat Suchenden **notieren** sich den Ratschlag und **wechseln** nach der vorgegebenen Zeit auf Ihr Signal hin den Partner. Die Problemlöser bleiben auf ihren Plätzen.
- Nach etwa zwei bis drei Minuten rotieren die Schüler erneut.
- Die Aktivität ist beendet, wenn jeder Rat Suchende mit jedem Problemlöser gesprochen hat.

Ergebnissicherung

- Die Rat Suchenden sichten die notierten Tipps zur Problemlösung und stellen im Plenum den **besten Ratschlag** vor.

Alternativen

Anstelle der vorbereiteten „Problemkarten" können die Rat Suchenden auch selbstständig ein Problem **formulieren**.

Problemkarten

I want a new mobile phone, but I don't have enough money.	My friend has told lies about me and I'm angry.
I'm addicted to computer games. I play all day and can't stop.	My parents make me go to bed early and I want to watch TV.
I love chocolate! I eat it for breakfast, lunch and dinner.	I want to go out to a concert but my mum says 'no'.
I think I'm too fat. What can I do to lose weight?	A boy at school took my money. He's big and scary.
I'm really bad at English. I think I'm going to fail the exam.	My friends laugh at me when I make mistakes.
I need to find a boyfriend / girlfriend, but I'm very shy. What should I do?	I'm sure that I saw my sister's boyfriend with another girl in a restaurant. Should I tell her?

Talking Cards

Ziel / Leitidee	Dieses Team-Kartenspiel verfolgt das Ziel, ohne großen Aufwand auf schülerorientierte und motivierende Weise Konditionalsätze zu üben beziehungsweise zu wiederholen.
Klassenstufe	9 / 10
Sprachliche Mittel	Konditionalsätze
Vorbereitung / Material	ein Rommeekartenspiel, Kopie der Fragen
Sozialform	gesamte Klasse
Kompetenzbereich	Sprechen

Hinführung

- Teilen Sie die Schüler zunächst in **vier Teams** ein. Jedes Schülerteam erhält die **Spielkarten** *einer* Farbe aus dem Kartenspiel (Herz, Kreuz, Pik, Karo).
- Gibt es **überzählige Schüler**, bilden diese mit Ihnen zusammen die Jury, die die Punkte vergibt.
- **Wiederholen** Sie gegebenenfalls die Regeln des *conditional II*.

Hauptphase

- Die Teams **mischen** ihren Kartenstapel und legen ihn verdeckt vor sich auf den Tisch.
- Bestimmen Sie per Los, welches Team beginnt.
- Der erste Schüler dreht die **oberste Karte** um und Sie stellen nun die entsprechende **Frage**. Die Antwort des Schülers wird nach folgenden **Kriterien** bewertet:

> *3 points: complete and correct answer*
> *2 points: reasonable answer*
> *1 point: incomplete answer (minor mistakes)*

- Im **Uhrzeigersinn** wechseln sich nun die Teams und auch deren Spieler ab.
- Das Team mit dem höchsten Punktestand gewinnt.

Anschlussaktivität

- Zur Weiterführung dieses Teamspiels bietet es sich an, die Schüler **Vermutungen** anstellen zu lassen, wie Sie die Fragen beantworten würden. Dazu **notieren** die Teams die möglichen Antworten und präsentieren diese anschließend. Lösen Sie die Fragen nacheinander auf. Jede richtige Spekulation bringt einen weiteren Punkt.

Fragenkatalog für den Lehrer

Ace	*If you could live anywhere in the world, where would you live? Why?*
King	*If you had a million dollars, what would you spend it on?*
Queen	*If you could date any celebrity, who would you choose? Why?*
Jack	*If you were president, what would you change about your country?*
Ten	*If you were asked to give a two-minute speech about a topic of your choice, what would you talk about?*
Nine	*If a genie came out of a bottle and granted you three wishes, what would you wish for?*
Eight	*If you had supernatural powers, what would you do?*
Seven	*If you were the headmaster of your school, what would you change?*
Six	*If you could travel back in time, where would you go? Why?*
Five	*If you were to design a school uniform, what would it look like?*
Four	*If you had your own TV show, what would you present?*
Three	*If you owned a zoo, what animals would you keep?*
Two	*If there were no cars and planes, how would people travel?*

The Class Representative – a Group Discussion

Ziel / Leitidee	Im Mittelpunkt dieser kooperativen Gruppenarbeit steht die Entwicklung von Teamfähigkeit. Ziel ist es, sich als Gruppe auf einen Konsens zu einigen, der Toleranz und das Akzeptieren differierender Meinungen fordert.
Klassenstufe	9 / 10
Sprachliche Mittel	Meinungsäußerung, Diskussion
Vorbereitung / Material	Kopien des Handouts (eine Kopie pro Gruppe)
Sozialform	Gruppenarbeit
Kompetenzbereich	Förderung der Teamfähigkeit, Sprechen

Hinführung
- Teilen Sie die Klasse in **Gruppen** mit jeweils ca. vier Schülern ein.
- Erteilen Sie den **Arbeitsauftrag**:

> *You, the staff of Parklane High School, have decided to set up a student council. There are many students who would enjoy being the class representative but who might not be the ideal person to communicate the class's concerns and opinion on school matters. There are four pupils left who had the same number of votes. It is your task to choose just one student from the candidates. Decide and explain your choice!)*

- Händigen Sie jeder Gruppe das **Handout** aus. Geben Sie den Gruppen 20 bis 30 Minuten Zeit für die Aufgabe.

Hauptphase
- Die Schülergruppen **diskutieren selbstständig**. Leisten Sie, wenn nötig, Hilfestellung.

Hinweis Wichtig ist, dass die Schüler ihre Entscheidung schriftlich festhalten und begründen.

- Als Hilfestellung können Sie auch **Beispielformulierungen** an die Tafel schreiben.

> *... should (not) be made class representative because ...*
> *... is able to work with others, is confident / persuasive / reliable ...*

Ergebnissicherung / Präsentation
- Jede Gruppe wählt einen Sprecher (*spokesperson*), der das **Gruppenvotum** vorstellt und begründet.

The Candidates

Emma is very popular with the boys and most of the girls. She is confident and likes being the centre of attention. Emma has good ideas and is very persuasive in discussions but sometimes her reactions are very emotional and then people can get intimidated by her temper. She doesn't always find it easy to take criticism. When other students have problems, Emma is very good at talking to teachers on their behalf, but she has also had arguments with one or two members of staff. She would really like to be the class representative and has put herself forward.

Cyrus is a rather quiet but popular boy. He is good at listening to people and many students come to him for advice. He is also a computer whiz and has often helped students after school when they had a technical problem. Cyrus knows a lot about all kinds of things, especially school rules, but often he isn't focused enough on his school work. Cyrus is known for his fairness and sense of justice. When talking to bigger audiences, Cyrus is self conscious and not very comfortable. Some students have put him forward as a candidate because they think he would be a great representative and the task would boost his self confidence.

Rani is the academic star of the class. She is good at many subjects, especially Science. She is very rational and keeps calm in most situations. In class she has one close friend who she usually works with, but a lot of students respect her. All the teachers like her. In general, Rani likes keeping out of trouble and does her own thing, although she works well with others, too. In discussions, Rani's arguments are always clear and logical, but usually she prefers to stay in the background. She was put forward by her friend and isn't sure whether she'd be a good representative.

Ben enjoys great popularity among students and teachers. He is always friendly and very outgoing. He is the captain of the school's football team and every student in the school knows him. Ben is good at talking to people and he is usually well informed about things that happen in the world and at school. He seems to be a natural leader, people listen to him, and in group work everybody wants to be on Ben's team. Sometimes Ben finds it difficult to stand back and listen to other people because he is so used to being the centre of attention. Ben sees himself as a good choice for the class representative.

Global English Jeopardy

Ziel / Leitidee	„Jeopardy" ist der Name einer Quizshow, die in den 1960er-Jahren in den USA populär wurde. In dieser Stunde sollen die Schüler jedoch nicht – wie in der „echten" Show – Fragen zu vorgegebenen Begriffen aus verschiedenen Wissenskategorien formulieren, sondern Fragen beantworten. Die hier gewählten Kategorien reflektieren die üblicherweise bis Klasse 9 vermittelten landeskundlichen Inhalte. Dabei steigt der Schwierigkeitsgrad der Fragen mit der zu vergebenen Punktzahl.
Klassenstufe	9 / 10
Sprachliche Mittel	Wortschatz, landeskundliche Begriffe und Eigennamen
Vorbereitung / Material	Fragenkatalog (für den Lehrer, S. 110 / 111), gegebenenfalls kleine Preise, Tafelbild
Sozialform	Gruppenarbeit
Kompetenzbereich	Sprechen, Hören

Hinführung

- Teilen Sie die Klasse in **Gruppen** zu ca. fünf Schülern ein. Jede Gruppe wählt einen Sprecher und überlegt sich einen Gruppennamen.
- Notieren Sie die Gruppennamen als **Tabelle** an der Tafel. Bei Bedarf kann ein Schüler als *score-* bzw. *timekeeper* festgelegt werden.

Hauptphase

Erläutern Sie vor der Durchführung die **Regeln** des Spiels:

> Die Gruppen wählen jeweils nacheinander im Uhrzeigersinn eine Frage (z. B. UK 30).
> Die Frage wird vom Lehrer verlesen.
> Die Gruppenmitglieder haben maximal dreißig Sekunden Zeit, sich zu beraten. Nur der Gruppensprecher darf dann die Antwort laut nennen.
> Bei richtiger Antwort wird (vom *scorekeeper*) die entsprechende Punktzahl (z. B. 30) für die Gruppe an der Tafel vermerkt und die beantwortete Fragenkategorie durchgekreuzt.
> Bei falscher Antwort oder Ablauf der Zeit wird die Frage (im Uhrzeigersinn) an die nächste Gruppe weitergereicht.

Wichtig Um eine hohe Aufmerksamkeit aller Gruppen zu gewährleisten, wird jede Frage nur am Anfang insgesamt maximal zweimal verlesen und bei Weiterreichung *nicht* wiederholt.

- Am Ende der Stunde gewinnt die Gruppe mit der höchsten Gesamtpunktzahl.

Alternativen

Um ein gemeinsames Beraten vor der Antwort zu verstärken und das Risiko zu erhöhen, kann bei **falscher Antwort** die entsprechende Punktzahl von den gesammelten Punkten der Gruppe abgezogen werden.

> **Tipp** Der vorliegende Fragenkatalog kann entsprechend dem Leistungsniveau / Jahrgang / Schwerpunkt abgeändert oder gekürzt werden. Das Spiel lässt sich analog auch zu anderen Themen, zu Wortschatz-Kategorien (z.B. verschiedene Wortfelder, Gegenteile, Synonyme, Wortbildung) oder mit grammatischem Schwerpunkt durchführen.

Tafelbild

	USA	UK	Australia	Around the English speaking world
10				
20				
30				
usw.				

Möglicher Fragenkatalog mit Lösungen (Teil 1)

USA

10   *What is the capital of the USA? (Washington, D.C.)*
20   *What's the name of the American President at the moment? (Barack Obama)*
30   *How many states are part of the USA? (50)*
40   *Which is the biggest state in the USA (size)? (Alaska)*
50   *What's the longest river in the USA? (Missouri)*
60   *What's the hottest and driest place in the USA? (Death Valley)*
70   *How many people live in the USA? (over 300 million)*
80   *How many stripes does the US flag have? (13)*
90   *What's the highest mountain in the USA? (Mount McKinley – 6,194 m)*
100 *When was the Declaration of Independence signed? (4 July 1776)*

Australia

10   *What's the capital of Australia? (Canberra)*
20   *Name three animals that only live in Australia (kangaroo, duckbill, wombat)*
30   *What season do you have in Australia at Christmas time? (summer)*
40   *What are the indigenous people of Australia called? (Aborigines)*
50   *What's the biggest city in Australia? (Sydney)*
60   *Where in Australia is the Great Barrier Reef? (northeast)*
70   *Who is Head of State in Australia? (the Queen of England)*
80   *Who discovered Australia? (James Cook)*
90   *How many people live in Australia? (22 million)*
100 *How many stars can you find on the Australian flag?*
     (six: southern cross and Commonwealth Star)

Möglicher Fragenkatalog mit Lösungen (Teil 2)

The UK

10   *Which four parts does the UK consist of? (England, Scotland, Wales, Northern Ireland)*

20   *What's the capital of Scotland? (Edinburgh)*

30   *What's the name of the British flag? (Union Jack)*

40   *Who lives in 10 Downing Street? (Prime Minister)*

50   *What's the name of the biggest airport in London and Europe? (Heathrow)*

60   *What is the highest mountain in the UK? (Ben Nevis / Scotland)*

70   *Whose address is 221b Baker St.? (Sherlock Holmes)*

80   *Which famous English writer lived in Stratford-upon-Avon? (Shakespeare)*

90   *Which two Houses form the British Parliament? (House of Commons, House of Lords)*

100   *When is Guy Fawkes Night in the UK? (5 Nov)*

Around the English speaking world

10   *What is the capital of Canada? (Ottawa)*

20   *What is the official name of the Indian city of Bombay? (Mumbai)*

30   *What is the currency in the Republic of Ireland? (Euro)*

40   *What is the capital of New Zealand? (Wellington)*

50   *Which city was a British colony until 1 July 1997? (Hong Kong)*

60   *Which country are you in when you are visiting British Columbia? (Canada)*

70   *Which country's flag is a vertical tricolour of green, white and orange? (Ireland)*

80   *Where are you when you hear the greeting 'G'day!' all around? (Australia)*

90   *When did the Republic of Ireland become independent? (1921)*

100   *Which game, especially popular in Commonwealth countries, can last up to 5 days?(cricket)*

© Cornelsen Verlag Scriptor, Berlin • 45 Vertretungsstunden Englisch

Roleplays: I'm Old Enough!

Ziel/Leitidee	In dieser Stunde gestalten die Schüler in Partnerarbeit Rollenspiele zum Thema „Erwachsenwerden" und präsentieren diese vor der Klasse.
Klassenstufe	9/10
Sprachliche Mittel	Wortschatz *relationships*
Vorbereitung/Material	Folie oder Handout, bei Bedarf Wörterbücher
Sozialform	Partnerarbeit
Kompetenzbereich	Lesen, Dialogisches Sprechen

Einstieg (optional)
- **Reaktivieren** Sie bei Bedarf den Wortschatz zum Thema *relationships* [→ S. 126].
- Alternativ können Sie im Plenum ein kurzes, einstimmendes **Unterrichtsgespräch** zu typischen Meinungsverschiedenheiten zwischen Eltern und ihren heranwachsenden Kindern führen.
- Beispiele für **Fragen**:

> *What do parents and teenage kids often argue about? What are the top three disagreements between parents and kids in your opinion? When are you old enough to make your own decisions?*

Hinführung
- Präsentieren Sie die Folie oder teilen Sie das Handout aus.
- Lassen Sie die einzelnen Rollenvorschläge **vorlesen** und die passenden Eltern-/Kind-Rollen einander **zuordnen**.
- Besprechen Sie gegebenenfalls unbekannten Wortschatz.

Hauptphase
- Lassen Sie die Schüler **Paare** bilden.
- Fordern Sie die Schülerpaare auf, sich jeweils ein Rollenpaar auszuwählen und mit eigenen Ideen ein **Rollenspiel** vorzubereiten.
- Geben Sie für die Vorbereitung **ca. 20 Minuten** Zeit und stellen Sie bei Bedarf Wörterbücher zur Verfügung.

Ergebnissicherung
- Lassen Sie mehrere Schülerpaare nacheinander ihre Rollenspiele vor der Klasse **präsentieren**.
- Fordern Sie die Klasse auf, das gelungenste, überzeugendste oder originellste Rollenspiel zu **wählen**.

The parent(s)	The teenage son / daughter
1	**A**
You have found contraceptive pills / condoms in your son's / daughter's room and are shocked. You can't believe it. Your child is only 15 and should concentrate on school and exams. He / she is far too young in your opinion. And then – why didn't he / she trust you and tell you about it? You are waiting in his / her room and want a serious talk about this.	You went to a rock festival with a new cool boy / girl you quite fancy. Your parents would never have allowed you to go … But you wanted to so badly and they still treat you like a child! So you lied to them … Now you are arriving back home.
2	**B**
Your daughter / son was staying overnight with her / his best friend. In the evening, you rang that family and found out that your daughter / son wasn't there and they had no idea about the overnight arrangement. When your daughter / son comes home the next day you are trying to find out … You are angry and worried.	All your friends are planning to spend two weeks in Spain together. They want to rent a house near the beach. It's not too expensive and you really want to go. You fear your parents are too old fashioned and strict. Try to convince them to let you go.
3	**C**
Your teenage kid wants to go on a beach holiday to Spain with friends. At the age of 16! You hate the idea – alcohol, parties, young people, the money, crime, sex … No way! It's dangerous! And you should pay for this?!	Your mother / father has found contraceptive pills / condoms in your room and is really angry and shocked. You can't see the problem. You think you are old enough. You are also a little angry that she / he has invaded your privacy and searched your room.

Lösung Rollenzuordnung
1C, 2A, 3B.

© Cornelsen Verlag Scriptor, Berlin • 45 Vertretungsstunden Englisch

 **Australia Questweb**

Ziel / Leitidee	Das Ziel dieser Aktivität ist es, im Internet gezielt Informationen zu suchen. Ein Questweb ist die Umkehrung eines Webquest, das heißt, zu vorgegebenen Antworten müssen die passenden Fragen gefunden werden.
Klassenstufe	9 / 10
Vorbereitung / Material	Nutzung des Computerraums, ein Computer für zwei bis drei Schüler, Tafelanschrieb der Antworten
Sozialform	Einzel-, Partner- oder Kleingruppenarbeit
Kompetenzbereich	Lese- und Medienkompetenz (gezielte Informationsentnahme aus dem Internet)

Hinführung

- Informieren Sie die Schüler über die Zielsetzung des Questweb. Präsentieren Sie anschließend die **Antworten** zu den gesuchten Fragen an der Tafel.

A questweb is the same as a webquest, except the game is backwards – you are given the answers to some questions on Australia. It is your task to find out and write down what the questions were.

- Teilen Sie nun gegebenenfalls Paare oder Kleingruppen ein und nennen Sie die **Regeln**.

Websites must be English-language only.
The use of Wikipedia is not allowed.

Hauptphase

- Die Schüler erarbeiten die Aufgabenstellung entweder allein oder in Partner- beziehungsweise Kleingruppenarbeit.

Tipp Halten Sie für sehr leistungsstarke, schnelle Schüler zusätzliche Antworten bereit.

Ergebnissicherung

- Die Ergebnisse können gemeinsam im **Plenum** präsentiert und verglichen werden.

Tafelbild (Antworten)

1. Mount Kosciusko
2. Captain James Cook
3. Julia Gillard
4. January 26
5. 327,700
6. Advance Australia Fair
7. AUD
8. Banana Benders and Sand Gropers
9. 1788
10. The Garden State
11. Quokka
12. Coober Pedy
13. Black, red with a yellow disc in the middle
14. garrigarrang
15. Chalkie

Lösungen

1. *What is the highest mountain (point) in Australia?*
2. *Who discovered the east coast of Australia?*
3. *Who is the Prime Minister of Australia?*
4. *When does Australia celebrate its national day – Australia Day?*
5. *What is the population of Canberra?*
6. *What is Australia's official national anthem called?*
7. *What is the Australian currency (called)?*
8. *What are Queenslanders and West Australians called?*
9. *When did Australia become a British colony?*
10. *What is the official nickname of Victoria?*
11. *What is a small wallaby, a kind of kangaroo?*
12. *What is known as the 'Opal Capital of the World'?*
13. *What does the Aboriginal flag look like?*
14. *What is the Aboriginal word for the sea?*
15. *What is the Australian English word for teacher?*

The Web Paper Trail

Ziel / Leitidee	In dieser Stunde recherchieren die Schüler im Internet und durchsuchen Websites englischer Zeitungen gezielt nach Informationen.
Klassenstufe	9 / 10
Vorbereitung / Material	Folie oder Tafelbild mit Rechercheaufgaben, Zettel mit dem Namen der Zeitung und der dazugehörigen Internetadresse, Blankokärtchen; Computerraum mit Internetzugang
Sozialform	Gruppenarbeit
Kompetenzbereich	Lese- und Medienkompetenz (gezielte Informationsentnahme aus dem Internet)

Hinführung

- Teilen Sie die Klasse in **Gruppen** zu ca. vier bis fünf Schülern ein. Jede Gruppe zieht einen **Zettel** mit einem Zeitungsnamen und der dazugehören Internetadresse. Teilen Sie acht bis zehn Blankokärtchen an jede Gruppe aus.
- Präsentieren Sie die Rechercheliste und besprechen Sie den **Arbeitsauftrag**.
- Die Gruppen erhalten Zeit, um sich zu **beraten**, je nach Gruppengröße acht bis zehn Rechercheaufgaben auszuwählen und diese unter den einzelnen Gruppenmitgliedern aufzuteilen.

Hauptphase

- Teilen Sie die **Blankokärtchen** aus (acht bis zehn pro Gruppe) und geben Sie den Gruppen etwa 25 Minuten Bearbeitungszeit. Pro Gruppe sollten **mindestens zwei Computer** zur Verfügung stehen.
- Die Gruppenmitglieder machen sich während der Recherche **Notizen**. Frage und Antwort werden jeweils auf einem Blankokärtchen festgehalten.
- Nach Ablauf der Bearbeitungszeit erhalten die Gruppen ca. fünf Minuten, um ihre Rechercheergebnisse zu **diskutieren** und für die Präsentation zusammenzuführen.

Ergebnissicherung / Präsentation

- In Form einer → **Stafettenpräsentation** werden die Ergebnisse vorgestellt.
- Dabei stellt sich die präsentierende Gruppe im Halbkreis vor der Tafel auf. Die Gruppenmitglieder präsentieren abwechselnd jeweils ihre Recherchefragen und die Antworten darauf und heften danach ihre Kärtchen um den Namen der Zeitung herum an die **Tafel**.

Alternative

- Sollte Ihnen eine **gedruckte Auswahl** englischsprachiger Zeitschriften oder Zeitungen zur Verfügung stehen, kann diese Stunde mit einer leicht abgeänderten Rechercheliste natürlich auch ohne Computereinsatz durchgeführt werden.

Rechercheliste (Folie oder Tafelbild)

Hinweis Die hier vorgeschlagene Rechercheliste enthält eine Auswahl von Aufgabenbeispielen mit zum Teil unterschiedlichem Schwierigkeitsgrad. Die Liste kann an Klassenstufe, Leistungsniveau und Bearbeitungszeit angepasst werden.

Name of the newspaper / website:

....

What's in the paper?

Good news (What? Where? Who?)
Bad news (What? Where? Who?)
One item of celebrity news / gossip (Who? What?)
A TV programme you'd like to watch tonight
Today's weather forecast for the area
A sports news item (What? Who?)
The name of a meal / food item / recipe you found
The name of a politician (Who? Position?)
Bizarre / strange news (What? Where?)
Your favourite headline (Why?)
A horoscope prediction of your choice*
A competition or a prize readers can win*
A blog one can join (What's it about?)*
An advert you found (What for?)
A photo you liked (What? Why?)

General comments on the website (easy to navigate?, irritating pop-ups?, good mix?, etc.)

....

* Not available in all newspapers

Zeitungsnamen für Gruppenzettel (Beispiele)

The Daily Mail
www.dailymail.co.uk
Second biggest British daily tabloid newspaper, first published in 1896, aimed at a middle class market, especially women.

The New York Times
www.nytimes.com
American daily newspaper, founded and published in New York since 1851.

The Guardian
www.guardian.co.uk
British national daily newspaper, founded in 1821, known for its left-of-centre political views.

The Sydney Morning Herald
www.smh.com.au
Australian newspaper, founded in 1831, oldest continuously published newspaper in Australia.

The Daily Mirror
www.mirror.co.uk
British daily tabloid newspaper, founded in 1903.

USA Today
www.usatoday.com
American daily newspaper, the most widely circulated print newspaper in the USA.

The Sun
www.thesun.co.uk
Biggest selling British daily tabloid newspaper, founded in 1964, known for its sensationalist news approach and sexy girls on page three.

The Los Angeles Times
www.latimes.com
American daily newspaper, published in L.A., California, since 1881.

Ideen zur Gruppen- und Partnereinteilung

Viele unserer Vertretungsstunden basieren auf kooperativem und partnerschaftlichem Lernen. Die folgenden Ideen helfen, Schülergruppen oder -paare auf zufällige und spielerische Weise zusammenzustellen. So werden häufig fest bestehende gruppendynamische Strukturen innerhalb einer (dem Lehrer vielleicht unbekannten) Lerngruppe aufgelockert.

Verbale / Kommunikative Aktivitäten

Puzzle-Verfahren

Sie benötigen pro Gruppe ein Bild oder eine Postkarte. Zerschneiden Sie diese jeweils in so viele Teile, wie Gruppenmitglieder benötigt werden, und geben Sie jedem Schüler ein Puzzleteil. Die Schüler gehen nun umher, beschreiben sich gegenseitig ihre Puzzleteile und finden so ihre Gruppenmitglieder, mit denen sie gemeinsam das Puzzle zusammensetzen.

Geburtstagspaare

Lassen Sie die Schüler umhergehen und sich gegenseitig nach ihren Geburtstagen befragen. Partner oder Gruppen bilden die Schüler, deren Geburtstage am dichtesten beieinanderliegen.

Post-its

Schreiben Sie die Namen von „Partnern" (z. B. von berühmten Eheleuten, Ländern und deren Hauptstädten oder Städten und deren Wahrzeichen) auf Post-it-Zettel und kleben Sie diese den Schülern auf den Rücken. Im →Klassenspaziergang erfragen die Schüler ihre Identität und suchen ihren passenden Partner.

Reimpaare

Schreiben Sie Reimpaare (z. B. *fly–spy, mouse–blouse*) auf unterschiedliche kleine Kärtchen oder Zettel. Jeder Schüler zieht einen Zettel und muss anschließend sein Pendant finden. Als komplexere Alternative können Sie Kopien kleinerer Gedichte, längere Reime oder Limericks zerschneiden und wieder zusammensetzen lassen.

Frage und Antwort

Wie bei den Reimpaaren schreiben Sie Fragen und dazu passende Antworten auf vorbereitete Kärtchen oder Zettel. Jeder Schüler, der eine Frage gezogen hat, muss seine passende(n) Antwort(en) finden. Beispiel: *What is Scotland famous for? – A: Loch Ness, B: Bagpipes*. Auf diese Weise können beliebig große Gruppen zusammengestellt werden.

Tiergeräusche

Bereiten Sie Kärtchen mit Tiernamen oder -bildern vor – je nach Anzahl der benötigten Gruppenmitglieder brauchen Sie die entsprechende Anzahl Kärtchen mit einer Tierart. Die Schüler ziehen jeweils ein Kärtchen und bewegen sich im Raum umher. Dabei machen sie ein für das gezogene Tier typisches Geräusch – Bedingung ist, dass jeder nur *ein* Geräusch machen darf. Auf diese Weise finden sich die Gruppenmitglieder.

Nonverbale Aktivitäten

Klassisches Abzählen

Die Schüler zählen bis zur erforderlichen Gruppenanzahl durch. Alle Einsen, Zweien und so weiter arbeiten jeweils zusammen. Für eine Paarbildung zählen die Schüler einmal komplett durch. Der entsprechende Partner ist der Summand zur Gesamtsumme aller Schüler (z. B. 1+19, 5+15, 9+11).

Zahlen- und Buchstabenkombinationen

Bereiten Sie Zettel mit Zahlen und Buchstaben (getrennt voneinander) vor. Jeder Schüler zieht einen Zettel. Sie können dann per Zufallsprinzip oder Auslosung die Paarkombination bekanntgeben (z. B. 1C, 2F, 3A).

Schnüre oder Bänder

Hierfür benötigen Sie halb so viele Bänder oder Schnüre wie Schüler. Halten Sie diese mittig in einer Hand und fordern Sie alle Schüler auf, nach dem Ende eines Bands zu greifen. Wenn Sie anschließend das Schnurbündel loslassen, halten immer zwei Schüler die Enden eines Bands fest. Diese sind Partner.

Spielkarten

Mithilfe eines Kartenspiels (z. B. Skatkarten) können die Gruppen entsprechend der benötigten Größe zusammengesetzt werden. So können etwa alle Könige oder alle Herzen eine Gruppe bilden. Je nach gewünschter Gruppengröße können Sie bestimmte Karten vorher aus dem Spiel nehmen. Für Vierergruppen eignet sich ein Quartettspiel, zur Partnerfindung sind Memorykarten gut.

Süßigkeiten, Knöpfe, Spielfiguren

Teilen Sie Gummibären, bunte Schokolinsen, Spielfiguren, vorsortierte Knöpfe oder ähnliche Gegenstände aus. Schüler, die gleichfarbige Gegenstände erhalten, bilden ein Paar oder eine Gruppe.

Aktivitäten zum Aufwärmen

Die folgenden Aktivitäten sollen Ihnen Anregungen geben, um gerade in Vertretungsstunden mit unbekannten Lerngruppen das „Eis zu brechen", einen ersten Kontakt zu den Schülern aufzubauen und sich für- und miteinander zu „erwärmen".

Draw and Guess
Füllen Sie die Tafel mit persönlich bedeutsamen Zahlen (z. B. Alter, Anzahl der Dienstjahre, Glückszahl) und kleinen Bildern, die etwas über Sie aussagen. Lassen Sie die Schüler Vermutungen über deren Bedeutung äußern, bestätigen oder korrigieren Sie diese. Lassen Sie die Schüler anschließend ähnliche Dinge auf ein Blatt Papier zeichnen, die dann von Ihnen und der Klasse erraten werden müssen.

Throw the Dice
Geben Sie einen Würfel herum. Die Schüler würfeln nacheinander, wobei die Augenzahl darüber entscheidet, wie viele Sätze jeder zu seiner eigenen Person sagen muss.

Egg-Timer
Stellen Sie vor der Vorstellungsrunde eine Eieruhr (Stoppuhr mit Klingelton) auf ein bis zwei Minuten. Die Schüler stellen sich nun nacheinander vor. Derjenige, bei dem die Uhr während der Vorstellung klingelt, erhält eine kleine Aufmerksamkeit (z. B. Joker, Süßigkeit, Werbeprodukt). Die Aktivität kann unbegrenzt fortgesetzt werden und ist insofern reizvoll, als die Schüler versuchen werden, möglichst lange zu sprechen.

Give and Take
Fertigen Sie eine ausreichende Anzahl an Fragekärtchen an, sodass jeder Schüler eine Frage erhält (z. B. Fragen nach Hobbys und Vorlieben oder zur Person). Auf Ihr Kommando hin bewegen sich alle im Raum, suchen sich einen Partner und stellen diesem ihre Frage. Die Fragekärtchen werden ausgetauscht und der Rundgang wird fortgesetzt.

Memory
Bereiten Sie eine Folie mit etwa zwanzig der Lerngruppe sprachlich angemessenen Fragen vor. Geben Sie den Schülern ca. zwei Minuten Zeit, sich die Fragen einzuprägen. Decken Sie die Folie anschließend ab und bitten Sie die Schüler, so viele Fragen wie möglich aus der Erinnerung zu beantworten.

The Spelling Chain
Buchstabieren Sie einen Begriff zu einem vorher festgelegten Thema, z. B. *the house*:
B-E-D. Ein Schüler nennt das buchstabierte Wort (*bed*) und buchstabiert anschließend
ein nächstes Wort. Dieses muss mit dem letzten Buchstaben Ihres buchstabierten Worts
beginnen, z. B. *D-O-O-R*. Die Mitschüler fahren fort.

Communicative Hand
Alle Schüler malen den Umriss ihrer Hand auf ein Blatt Papier. An jeden Finger werden
Informationen zur eigenen Person notiert (z. B. Name, Alter, Hobbys). Anschließend
bewegen sich die Schüler zu Musik im Raum. Stoppt die Musik, wenden sich die Schüler
einem Partner zu und tauschen ihre Informationen aus. Setzt die Musik wieder ein,
beginnt der Klassenspaziergang erneut.

Two Truths and One Lie
Bevor Sie sich den Schülern mit drei (oder mehr) Sätzen vorstellen, sagen Sie ihnen,
dass eine Ihrer Aussagen unwahr sein wird. Die Schüler versuchen, die Lüge zu identifizieren. Anschließend stellt sich jeder Schüler in gleicher Weise vor. Die Mitschüler
und Sie versuchen dabei, die unwahre Aussage zu erraten.

A Pizza Massage
Beginnen Sie die Stunde mit einer entspannenden Rückenmassage. Dazu wendet je ein
Schüler seinem Sitznachbarn den Rücken zu. Sie selbst führen die Massage mit einem
Freiwilligen vor der Klasse vor. Begleiten Sie die Anweisungen mit passenden Fingerbe-
wegungen.

Beispieltext
*Let's make a pizza. First, knead the dough until it is smooth and elastic. – Roll the
dough out into a circle. – Spread tomato sauce on the dough. – Put on your toppings:
Top with salami and cherry tomatoes. – Add some corn, herbs, and spices. – Sprinkle
grated cheese over your pizza. – Put the pizza into the oven. – Sprinkle with basil and
parsley. – Cut the pizza into five equal pieces. – Serve and enjoy!*

Guided Imagery (**Fantasiereise**)
Bitten Sie die Schüler sich zurückzulehnen, eine entspannte Sitzhaltung einzunehmen
oder den Kopf auf den Tisch zu legen. Nehmen Sie sie mit auf eine Fantasiereise, die Sie
mit vielen eigenen Details ausschmücken können.

Beispieltext

Sit comfortably and close your eyes. Breathe deeply and relax. Let me take you on a wonderful journey. Do you see the small boat in front of you? You get on the boat. The boat slowly takes you to a beautiful exotic island. Step out of the boat. The sand beneath your feet is soft and warm. What do you see on the beach? What do you hear? What do you smell? How do you feel?

You start walking. In the distance you see a forest. You are in the forest. Look around! What do you see? What do you hear? Look down! There are the most beautiful flowers. What colour are they? Smell them! You keep walking and come to a hill. You walk up the hill. On the hill you see a fairy. She has got green eyes and fair hair. She is very pretty. Who is she? You start talking to her. Think of three questions you want to ask her. When you are ready, come back to the classroom and open your eyes.

Keyrings / Opening up

Präsentieren Sie Ihr Schlüsselbund, zeigen Sie einzelne Schlüssel und lassen Sie die Klasse spekulieren, was die einzelnen Schlüssel öffnen könnten. Erlaubt sind nur Fragen, die mit *yes* oder *no* beantwortet werden können.

Is this your car key? Do you use this key every day?

Im Anschluss kann ein Schüler seinen Schlüsselbund vorstellen.

The ABC Party

Schaffen Sie einen situativen Rahmen, indem Sie von einer geplanten Party erzählen, z. B.:

We're going to have a party on Friday and everybody has to bring something. I'll bring apples. What about you?

Der erste Schüler fährt fort: *If you bring apples, I'll bring … (biscuits).* Ziel ist es, Dinge in alphabetischer Reihenfolge aufzuzählen und dabei jeweils den Satz des vorherigen Schülers zu wiederholen. Weitere mögliche Themen: *A class trip, a visit to the zoo, the perfect school bag.*

Blind Date

Die Schüler bilden einen Stehkreis. Ein Schüler wird mit verbundenen Augen und ausgestrecktem Arm im Kreis gedreht, sodass er beim Anhalten auf einen Mitschüler zeigt. Nun stellt der „blinde" Schüler seinem Mitschüler Fragen, bis er dessen Identität erraten kann. Die befragten Mitschüler müssen wahrheitsgemäß antworten, dürfen aber ihre Stimme verstellen.

Change Places

Bei diesem Bewegungsspiel für jüngere Lerngruppen müssen alle Schüler, auf die ein genannter Sachverhalt zutrifft, ihre Plätze tauschen.

Beispiele
If you're wearing blue jeans, change places. If you are younger than 13, change places.

Birthday Lines

Teilen Sie die Klasse in zwei Teams und geben Sie diesen den Auftrag, sich entsprechend ihren Geburtstagen im Kalenderjahr in einer Reihe – beginnend mit dem frühesten – anzuordnen. Die Geburtstage müssen die Teams durch gegenseitiges Befragen ermitteln: *When's your birthday?* Es gewinnt die Gruppe, der die korrekte Anordnung zuerst gelingt. Alternativ ist auch ein Sortieren nach Schuh- oder Körpergröße oder Vornamen in alphabetischer Reihenfolge möglich.

Methodenglossar

Methoden des kooperativen Lernens

Platzdeckchen
Placemat
Vier Schüler sitzen jeweils rund um ein Platzdeckchen (siehe Abbildung). Jeder Schüler schreibt zunächst individuelle Ideen in sein Planquadrat. Anschließend wird das Platzdeckchen gedreht und die Ideen der anderen werden gelesen und diskutiert. Gemeinsam werden schließlich die besten Ideen in das mittlere Quadrat notiert und gegebenenfalls präsentiert.

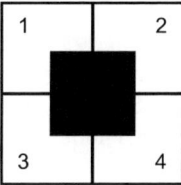

Think-Pair-Share
Die Schüler bearbeiten eine Aufgabe zunächst in Stillarbeit allein (*think*). Anschließend tauschen sie ihre Ergebnisse mit einem Partner aus (*pair*), diskutieren, korrigieren und ergänzen diese, bevor das gemeinsame Arbeitsergebnis in der Lerngruppe präsentiert wird (*share*).

Klassenspaziergang
Class Walk
Alle Schüler gehen im Raum umher und suchen sich immer wieder einen neuen Partner, mit dem sie Ideen oder Arbeitsergebnisse besprechen oder austauschen.

Kugellager
Double Circle
Die Schüler stehen einander paarweise in einem Außen- und einem Innenkreis gegenüber. Gedanken und Ideen werden zunächst vom sich gegenüberstehenden Paar ausgetauscht. Auf ein Signal hin rotiert der Außenkreis um einen bis zwei Schüler. Das Gespräch setzt wieder ein.

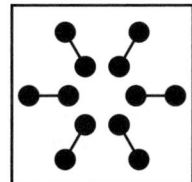

Präsentationsmethoden

Museumsgang
Gallery Walk
Die Schüler / -gruppen hängen oder legen ihre Arbeitsergebnisse im Klassenzimmer aus. Anschließend wandern die einzelnen Schüler / -gruppen von Exponat zu Exponat und machen sich mit den Arbeitsergebnissen vertraut. Auf kleinen Kärtchen können sie Hinweise dazuheften oder -legen.

Stafettenpräsentation

Eine Schülergruppe präsentiert ihr Lernergebnis, indem jeweils ein Schüler einen Teil der Aufgabe präsentiert und anschließend das Wort an den Nächsten übergibt. Währenddessen können vorbereitete Stichwortzettel an ein Tafelbild geheftet werden.

Methoden und Ideen zur Wiederholung von Wortschatz

Kartenabfrage
Mindmapping / Clustering
Die Schüler erhalten Kärtchen, auf die sie einzelne Vokabeln zu einem vorgegebenen Thema notieren. Anschließend werden die Ideen im Tafelbild in einer großen Mindmap sortiert.

Methode 66
Sechs Schüler (je Gruppe) erhalten sechs Minuten Zeit, sich so viele Vokabeln wie möglich zu notieren. Anschließend werden die Ergebnisse gemeinsam gesammelt.

An ABC of …
Die Schüler sammeln Wörter und Ideen zu jedem Buchstaben des Alphabets. Anschließend wird das Blatt an andere Schüler weitergereicht, die Ergänzungen und Korrekturen vornehmen können.

Blitzlicht
Schüler nennen in einer Blitzlichtrunde nacheinander spontan Begriffe zu einem bestimmten Thema.

Geben und Nehmen
Give and Take
Die Schüler notieren zunächst in Einzelarbeit bekannte Vokabeln. In einem → Klassenspaziergang tauschen sie anschließend ihre Ideen aus, *geben* Vokabeln und *erhalten* im Gegenzug neue Ideen von ihren Partnern.

Akrostichon
Acrostic
Das jeweilige Thema oder ein Begriff wird senkrecht an die Tafel geschrieben. In Einzelarbeit füllen die Schüler das Akrostichon waagerecht mit themenspezifischen Wörtern, tauschen dann ihre Ergebnisse mit einem Partner aus und präsentieren sie.

Odd One Out
Der Lehrer oder einzelne Schüler nennen eine Reihe von Begriffen, von denen einer nicht zu den anderen passt. Die Mitschüler erkennen den *odd one out* und begründen ihre Entscheidung.

Lippenlesen – *Lipreading*
Durch Lippenlesen erraten die Mitschüler ausgewählte Wörter oder Wendungen.

Paraphrasieren / Pantomime
Paraphrase / Mime the word
Einzelne Schüler ziehen vorbereitete Kärtchen mit Begriffen zum Thema und beschreiben den Begriff oder stellen ihn pantomimisch dar, bis er von den Mitschülern erraten wird.

Stadt, Land, Fluss
Analog zum klassischen Stadt, Land, Fluss sammeln die Schüler in Paaren oder Gruppen Wörter mit einem vorher ausgezählten Anfangsbuchstaben zu Kategorien des jeweiligen Themas, z. B. *a place, an object, a verb, an activity, a person, an adjective.*

Möglichkeiten der Abstimmung in Gruppen

> **Hinweis** Legen Sie die Kriterien, nach denen abgestimmt werden soll, unbedingt vorher fest.

Offene Abstimmung
Ranking
Jeder Schüler (jedes Paar / jede Gruppe) erhält Kärtchen, auf die die Punkte geschrieben werden. Auf ein Signal hin werden alle Kärtchen hochgehalten und die Gesamtpunktzahl wird ermittelt. 0=*poor*, 1=*so-so*, 2=*quite good*, 3=*good*, 4=*very good*, 5=*excellent*.

Abstimmung mit den Füßen
Schreiben Sie die Zahlen 0 (*poor*) bis 5 (*excellent*) in ausreichenden Abständen nebeneinander an die Tafel. Auf ein Signal hin stellt sich ein Vertreter jeder Gruppe oder jedes Paars zu einer Bewertungszahl. Das Ergebnis wird ausgezählt.

Zielscheibe
Malen Sie eine herkömmliche Zielscheibe an die Tafel. Der Mittelkreis zählt 100 Punkte (Maximalpunktzahl), die Außenkreise zählen entsprechend weniger. Auf ein Signal hin zeichnen die Paare oder Gruppen einen farbigen Kreis in den Kreis ihrer gewählten Punktzahl.

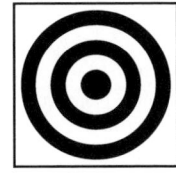

Planungshilfe: Bereits eingesetzte Stunden

Damit man nicht aus Versehen in derselben Klasse die gleiche Vertretungsstunde ein zweites Mal hält, empfiehlt es sich zu notieren, welche Stunde man wann in welcher Klasse bereits eingesetzt hat. Füllt man die Tabelle mit einem Bleistift aus, so kann man sie im nächsten Schuljahr – nachdem man die bisherigen Einträge wegradiert hat – erneut verwenden.

Klasse	Stunde (Nr.)	Datum	Klasse	Stunde (Nr.)	Datum